Je me suis laissé séduire…

Véronique Imbert

Je me suis laissé séduire

Le jour où j'ai vraiment rencontré le Christ

Parole et Silence

Pour contacter l'auteur :
Imbert-veronique@sfr.fr

*Les droits d'auteur de ce livre sont reversés
à une association de réinsertion*

ISBN : 978-2-88918-879-6

www.paroleetsilence.com

REMERCIEMENTS

Sans eux, ce récit n'aurait pu aboutir. Pour leurs encouragements et leurs aides précieuses, je remercie chaleureusement Denis Imbert, Monseigneur Guy de Kerimel, Benoît de Maintenant sj, les Pères : Fred. Olichet. Biyela, Christophe Delaigue, Loïc Lagadec et amis : Marie, Philippe Martin, Chantal Bocquet.

Qu'ils soient assurés de mon affectueuse gratitude.

À Guillaume, Jean-Baptiste,
Thibaut, Héloïse

«Tu m'a séduit Ô Éternel et je me suis laissé séduire... C'était en mon cœur comme un feu dévorant.»

(Bible : Jeremie 20.7)

PRÉFACE

En mai 2015, je me suis rendu à l'abbaye de Blauvac, dans le Vaucluse, pour rejoindre le pèlerinage des « cinquièmes », jeunes chrétiens de l'Enseignement public ou de l'Enseignement catholique de ce diocèse de Grenoble-Vienne que le Seigneur m'a confié. Véronique Imbert faisait partie des adultes qui avaient accepté d'accompagner ces jeunes durant les trois jours du pèlerinage. Elle a demandé à me parler personnellement, et m'a raconté brièvement, à l'ombre des pins, l'expérience spirituelle qu'elle avait vécue et son désir d'en témoigner. Elle avait déjà mis par écrit son témoignage et m'a laissé son texte pour que j'en prenne connaissance et que je lui donne mon avis.

Elle n'était pas la première à vouloir faire lire sa prose à un évêque, mais la simplicité et la sincérité qui l'habitait m'ont encouragé à découvrir ce texte. Je l'ai ouvert, et je me suis laissé prendre par ce récit agréable à lire, très vivant, sonnant juste, où je reconnaissais l'action de Dieu. Je lui ai répondu ces quelques mots :

« Je viens de lire votre témoignage, que vous m'aviez remis à Blauvac.

Merci ! C'est très beau, vrai, simple et direct. Je vous encourage à le faire publier. Il fera du bien, pour la gloire de Dieu ».

Véronique est une femme « nature », qui a les pieds sur terre, pas une « mystique » ou une « dévote » au sens péjoratif des termes. Voilà qu'au cours des quelques jours de recul qu'elle avait programmés pour faire le point sur sa vie, Dieu a fait irruption dans son existence de chrétienne ordinaire. Elle s'est laissée rejoindre, elle s'est laissée attirer et elle a accepté de plonger dans l'Amour de Dieu, se demandant bien ce qui lui arrivait.

A son retour chez elle, sa transformation intérieure se lisait sur son visage et son mari a remarqué quelque chose. Elle a été perdue pendant quelque temps, comme attirée par l'Amour divin qui relativisait fortement toutes les autres réalités.

Il lui a fallu du temps pour réaliser, pour comprendre que cette expérience n'était pas le fruit d'un état de grande fatigue, un coup de surchauffe ou un débridement de son imagination. Durant les quelques jours de retraite, elle était accompagnée avec sûreté par un jeune jésuite ; mais une fois rentrée chez elle, elle a voulu en quelque sorte vérifier qu'elle était « normale » ; elle a pris conseil, et peu à peu elle est entrée dans un chemin de fidélité à cette grâce.

L'histoire sainte de Véronique est unique ; il ne s'agit pas pour les lecteurs de vouloir expérimenter la même chose. A la lecture de ce récit, nous pouvons rendre grâce à Dieu qui répand ses dons comme Il l'entend. Mais nous pouvons aussi faire mémoire de ces « visitations » de Dieu dans nos vies personnelles, à travers une rencontre exceptionnelle, un temps de retraite spirituelle, une marche dans la nature, ou en toute autre occasion. Il n'est pas si rare que Dieu fasse signe à ceux qui savent écouter et regarder ; la personne qui fait l'expérience d'une « visitation » de Dieu se sent rejointe au fond d'elle-même, elle goûte une joie et une paix profondes ; elle est comme révélée à elle-même, dans son identité, dans sa vocation très personnelle. Ces moments de grâce ne sont pas faits pour durer, mais ils donnent un nouvel élan pour avancer dans la foi, l'espérance et la charité ; dans la fidélité à Dieu, la communion fraternelle en Eglise et le service du prochain.

Dans les vicissitudes de la vie quotidienne, dans les épreuves et les tempêtes qui secouent le monde et nos personnes, les « visitations » de Dieu nous évitent de nous replier, de nous durcir ; elles nous rappellent que nous ne sommes pas abandonnés, et que notre vie est faite pour se déployer, pour avancer au large. Les signes que Dieu nous faits ouvrent devant nous des horizons vastes, infinis. Oui seul l'Absolu, seul l'Amour absolu, infini, peut combler un cœur humain.

«Tu nous as faits pour Toi, Seigneur, et notre cœur est sans repos tant qu'il ne demeure en Toi!», écrivait Saint Augustin.

✝ *Guy de Kerimel*
Evêque du diocèse de Grenoble Vienne

Voici le témoignage d'un cœur troublé et transformé par une drôle de rencontre amoureuse … je dois me rendre à l'évidence, c'est bien lui, ce Dieu d'Amour…

J'ose faire une prière et déranger le bon Dieu en ce début d'écriture :

«Permets, mon Dieu, que ces lignes où je vais parler de moi, soient écrites seulement pour parler de Toi. Qu'elles soient le témoin fidèle de ta venue en moi.»

Moi, la fille bien carrée dans sa tête, j'ai eu peur, je ne pouvais pas croire ce qui m'arrivait. Je ne me suis toujours pas habituée à cet événement, mais je ne peux me taire… c'est plus fort que moi, alors je prends ma plume pour le dire.

CHRÉTIENNE, J'AI DÉCOUVERT QUE DIEU EST AMOUR. JE LE SAVAIS, MAIS JE NE LE SAVAIS PAS !

« Quand j'aurai cinquante ans, je ferai deux choses. Je m'offrirai deux semaines de luxe : une semaine de thalasso avec mes amies et je prendrai une semaine toute seule en silence pour faire le point des cinquante ans passés et fixer le cap des cinquante ans à venir. » Tel est le projet que j'avais formulé il y a plusieurs dizaines d'années en arrière.

Cette année, j'ai cinquante ans. J'ai commencé par prendre une semaine de thalasso au mois de mai au Maroc avec Françoise, une amie : un délice ! Je ne cessais de reculer l'échéance de la semaine en silence, par peur de l'inconnu, je pense. Cette même année, à cause de très mauvaises relations avec mon employeur, j'avais du quitter mon poste.

Ce conflit m'avait anéantie. Il était temps d'aller faire une pause de quelques jours. je me suis inscrite au premier lieu qui pouvait m'accueillir pendant la seule disponibilité de mon agenda. Le «hasard» m'a amenée au Châtelard à Lyon, chez les jésuites.

Les jésuites sont, paraît-il, les spécialistes du discernement; cela tombe plutôt bien. Ils vont me guider pour faire mes choix de vie pour les années à venir.

En m'embrassant, Denis me recommande : «sois prudente sur la route et en arrivant là-bas, lâche tout!»

Je ne savais pas bien au juste, «là-bas», ce qui m'attendait, même si j'avais une idée de ce qu'étaient des week-ends spirituels, pour en avoir déjà vécus... mais une retraite en silence?

Me voilà partie pour quatre jours en laissant ma famille. Je pars en ayant la conviction que je m'offre un moment exceptionnel. Enfin être libre de toute contrainte; être face à moi-même, sans rôle à jouer, simplement me retrouver. Pendant cette heure de trajet, je me détache des préoccupations matérielles (les achats pour la rentrée scolaire, les enfants). Je sens grandir un espace de liberté. Il y a juste l'accompagnement qui me tracasse : que doit-on dire? Qui va m'accompagner? J'émets un vœu : «j'espère que le jésuite qui me sera désigné, sera un bon, un expérimenté, pas un débutant.»

Les réponses que je vais chercher sont si essentielles pour moi, que j'espère ne pas passer à coté de ces quatre jours et ne pas perdre un instant de ce temps précieux. Je dois profiter au mieux de cette retraite, être bien accompagnée, car je souhaite revenir avec des réponses à mes deux questions. La première concerne ma vie personnelle. Que faire maintenant que j'arrive au terme de mon premier projet qui était de trouver l'amour de ma vie, de fonder une famille, de construire un foyer, un réseau social... ? Quel est le projet suivant ? La seconde concerne ma vie professionnelle qui est elle aussi à un tournant. Je dois réfléchir et choisir entre reprendre un poste de direction dans une structure sociale ou faire de la formation. Rien n'est clair, j'espère que ces quelques jours avec un coach vont être profitables.

Une heure de route et j'arrive au Châtelard. Je suis à la fois impatiente, curieuse et un peu intimidée. J'ai l'impression d'être au bout du plongeoir de la piscine. Je ne peux plus reculer et c'est le moment de sauter. Ce silence, vais-je le supporter ? Vais-je me supporter ? Ne vais-je pas tourner en rond ? Que raconter à l'accompagnateur tous les jours ?

Après les formalités d'usage, je comprends que la principale activité sera d'aller à l'oratoire. Un jeune homme me fait visiter les lieux de prière comme on fait visiter les salles d'activité dans un village de vacances. Il y a celui en pierre avec coussins, un peu rustique, il y a celui dans la forêt, ouvert aux quatre vents, celui plus feutré avec moquette, coussins, bancs de prière, lumière douce, il y a l'église, plus sérieuse, la crypte, plus mystérieuse, il y a celui pour la nuit, plus douillet, à coté des chambres et tous ces bancs dans la nature. Il y a le choix. Après une brève présentation de l'organisation, je comprends aussi que « l'accompagnement », comme il le nomme, peut-être fait par un laïc. « Zut ! Je risque de tomber sur un amateur. »

Très rapidement, il m'invite à rencontrer Benoît, mon accompagnateur, dans sa chambre, à deux pas de la mienne ! « C'est surprenant comme lieu pour être "coachée", une chambre, cela ne fait pas très professionnel ! »

Intimidée, je frappe à la porte : un homme d'allure assurée sort de cette chambre d'un pas joyeux, tenant à la main un cahier et une Bible, je comprends que cet homme qui vient de sortir est lui aussi accompagné par Benoît ; son air joyeux me rassure. J'entre. Un jeune homme, d'une trentaine d'années, lui aussi une Bible à la main, se lève, m'accueille chaleureusement mais avec distance et m'invite à m'assoir en face de lui dans un fauteuil confortable bien reconnaissable d'IKEA. Sur le côté il y a son lit et un bureau. Être dans la chambre de mon « coach-accompagnateur » me gêne un peu. Les présentations sont très brèves, trop à mon goût :

– Je m'appelle Benoît et je suis étudiant jésuite à Paris.

– Zut, le stagiaire est pour moi ! Pensais-je.

Il n'attend pas que je me présente et m'indique avoir lu ma lettre de motivation. Je comprends que ce n'est pas la peine que je m'étende sur mes motivations et ma présentation, mais le court silence qui s'installe me dérange et je m'empresse de parler pour combler ce vide. Je ne sais que lui dire et bafouille quelques banalités.

– Je suis catholique pratiquante depuis mon enfance et je m'offre, pour mes cinquante ans, le luxe de quatre jours en silence. Pendant ces quelques jours je souhaite réfléchir à mon avenir personnel et professionnel. Une retraite en silence est une première pour moi.

Il ne sourit pas, regarde ses chaussures et laisse un temps de silence (encore !) suffisamment long pour que s'installe une nouvelle gêne. Son attitude bien que cordiale ne m'encourage pas au dialogue. Pas un mot sur la météo, ou pour savoir si j'ai fait bonne route. Non, rien de ces entrées en matière qui ouvrent et créent un dialogue à minima. Je m'attendais à un accueil qui me mette à l'aise qui m'invite à parler, c'est étonnant cette attitude distante pour un coach ! Je pense alors : « Il est étudiant, sans doute peu expérimenté ».

Levant les yeux de ses chaussures, il finit par me regarder pour me donner une feuille décrivant la marche à suivre pour prier. Je suis surprise par cet « étudiant » qui parle avec autant d'assurance et je sens qu'il va droit à l'essentiel, sans fioritures. Moi qui ne voulais pas perdre de temps, c'est réussi ! En moins de cinq minutes il est entré dans le vif du sujet, dans l'intime de la prière ou d'ordinaire il faudrait bien se connaître pour partager ces choses-là. Comme un professeur donnerait les exercices à son élève, il commente les grandes étapes de la méthode de Saint Ignace : se préparer au temps de prière, lire le texte, rentrer dedans, s'imaginer dans la scène, être un personnage, sentir l'ambiance, et être attentive aux sentiments, aux « motions[1] » que cela procure puis dialoguer et conclure. Il me demande de m'arrêter lorsqu'un passage a du goût ou me heurte.

– Les temps de méditation, pas plus de trois quart d'heure, me conseille-t-il.

Avec moi, il n'y a pas de risque, au bout de dix minutes je n'en peux plus, mais cela je n'ose pas lui dire !

– On vous propose de prendre quatre temps d'oraison par jour. Trois dans la journée et un le soir pour relire cette étape. Entre chaque, il faut vous aérer : marcher, peindre, lire, écouter de la musique dans la salle du sous-sol... La corde de l'arc ne peut se tendre que si on la détend de temps en temps.

1. Mouvements intérieurs de l'âme.

Pour ce début d'après-midi, vous prendrez Isaïe 55 : « me voici » et on se retrouvera en fin d'après-midi, ici, à seize heures.

Il m'expose le contexte du passage biblique puis je comprends que c'est terminé, je me lève et sors. Drôle de mise en route ! L'entrée en matière est rapide, il ne perd pas de temps dans les politesses et les longues phrases, le stagiaire ! C'est étonnant, il ne porte pas d'intérêt à qui je suis, comment j'arrive ici, ce que je cherche… Comment va-t-il me comprendre, lui, et m'aider à définir mes projets ? Je perçois qu'il ne se force pas pour être sympathique, mais filtre une chaleur humaine et une grande qualité d'écoute. Son discours est presque professoral, il me transmet une méthode, la marche à suivre, pas un mot de plus et finalement sa distance dissipe ma gêne procurée par l'intimité de sa chambre.

« Quand il faut y aller, il faut y aller. » Ma bible à la main, je rentre d'un pas décidé dans l'oratoire. Quelques chaises basses, des coussins, des bancs de prière, un tronc d'arbre pour autel, une lumière tamisée et pourtant des rayons de lumière qui inondent cette pièce. Je suis touchée par la simplicité du mobilier qui m'invite au détachement pour aller à l'essentiel. Il fait bon ici. Mais, ce qui m'atteint en plein cœur, c'est ce jeune homme qui est là, assis par terre. Les yeux fermés, complètement en lui-même, l'expression lumineuse de son visage est à la fois mêlée de sérénité, de joie, et d'autre chose que j'ai du mal à définir. Il semble être habité de l'intérieur. Il est très beau, je suis émue, touchée au plus profond. Un délicieux frisson me traverse. « Il sent Dieu à plein nez ce gars. » Ce qu'il vit semble si doux, si plein, si puissant à la fois que je sens naître le désir de l'imiter. Je m'assois dans un coin sur un coussin, comme lui. Son attitude et son expression me guident et me montrent tout naturellement le chemin à suivre pour que moi aussi j'accède à cette plénitude qui émane de lui. Je respire profondément, je ferme les yeux. Sans vraiment réfléchir je m'entends dire : « mon Dieu, si tu es là, me voici, vois mes questions, viens en moi. » Je me laisse descendre au fond, je suis bien, une « présence » est là, c'est sûr ! Que c'est bon ! « Qu'est-ce qui m'arrive, qu'est-ce qui se passe ? C'est quoi ? C'est qui ? C'est Lui ? » Je reste là sans bouger de peur que ce bien-être s'arrête.

L'homme est toujours là et ailleurs en même temps, cela se voit, ça se sent. Ce qu'il vit en lui le comble. Une douce excitation me prend le ventre et renforce mon désir de vivre la même chose.

Je ferme les yeux, je « redescends », et déguste cette présence douce, calme, rassurante. Je me laisse faire, j'en profite, j'en ai besoin. J'ouvre les yeux. Oh, je n'ai pas vu passer le temps, me suis-je endormie ? Je me plonge dans le texte Isaïe 55 « Pourquoi dépenser votre argent à ce qui ne nourrit pas ? » « Invoquez Dieu tant qu'il est proche.» Je sens cette présence qui est autre que ce jeune à coté de moi. Oui, il est proche, je l'invoque, je lui demande de venir me transformer, me nourrir et me remettre sur pied après cette épreuve professionnelle. Benoît a dit pas plus d'une heure ; cela fait déjà deux heures. Je m'arrache et je sors. Je serais pourtant bien restée encore un peu. Incroyable, moi qui n'en peux plus d'habitude au bout de dix minutes !

Dans la salle, à côté, il y a de quoi peindre. Je peins mon état intérieur de ces derniers mois avec beaucoup de lucidité et d'apaisement. La Présence douce, chaude et puissante à la fois est toujours là.

Il est déjà seize heures et je me prépare pour le rendez-vous avec Benoît. Je suis un peu tracassée à l'idée de partager ce moment dans l'oratoire, donc je décide de n'en rien dire. D'ailleurs, je ne suis pas ici pour parler de ma relation avec Dieu, mais pour réfléchir sur mon devenir personnel et professionnel. Je ne dois pas perdre de vue cet objectif. S'il me pose des questions, j'en resterai donc à une lecture commentée du texte. Benoît, l'étudiant, m'écoute sans dire un mot. Quand j'émets un doute, ou si je fais une pause, il me lance un «continuez… allez, continuez !» en me regardant bien droit dans les yeux. Il y a dans ce regard-là, une douce fermeté. Il sait où il va le «stagiaire.» Son regard derrière ses petites lunettes va au fond et lève ma retenue. Comme une élève, je m'exécute : je continue.

Toutes les banalités sont dites, il faut que je descende d'un étage. Bon, il n'a toujours rien dit sur les questions qui m'amènent ici. Il ne me guide pas sur mes choix, sur mes orientations. Ne voulant pas passer à coté de ces quelques jours, je romps le silence, son silence. Je rassemble mon courage pour mettre les pieds dans le plat.

– Je viens quatre jours pour réfléchir sur mes choix personnels et professionnels. Lorsque je vous fais part de mes réflexions, de mes doutes, vous ne commentez pas et finalement je reste avec mes interrogations. J'aimerais que vous me posiez des questions pour me faire avancer, pour me faire réfléchir. Je souhaiterais entendre votre avis.

Dans un petit livre, il cherche un passage et prenant la parole avec douceur mais assurance : « ici, ce n'est pas cet accompagnement-là, que vous trouverez. La proposition est de mettre le Créateur en lien avec sa créature et la créature avec son Créateur. »

Qu'est-ce que c'est cet accompagnement ? Le Créateur ? La créature ? Où est le coach ? Zut, je me suis trompée de lieu. En un instant je me demande si je reste ou si je pars. Alors que mon attention est prise dans ce choix cornélien, de rester ou partir, je l'entends me dire :

– Pour continuer vous prendrez le texte de Zachée. [1]

Alors là, c'en est trop. Il se fiche de moi ! Non seulement, il ne va pas me coacher, mais en plus il me donne un texte du catéchisme ! Le premier texte avec lequel on nous fait faire un dessin au caté, un texte pour les débutants que je connais par cœur ! Comment peut-il me donner à méditer un texte si connu ? Il sait bien, pourtant, que je suis pratiquante depuis longtemps. Ce texte si facile ne va rien m'apporter de nouveau, c'est évident ! Une boule mêlée d'agacement, de déception et de vexation me serre la gorge et bientôt accapare toute mon attention. Et lui de continuer :

– Zachée est monté sur un arbre pour voir passer Jésus. Jésus arrive, s'arrête, le regarde et lui dit : Zachée, descends de ton arbre, je dois demeurer chez toi. Essayez de méditer sur la descente de l'arbre, imaginez-vous à la place de Zachée. Goûtez avec tous vos sens, prenez le temps.

C'est bien la première fois qu'on me propose de prier la Bible avec mes sens et mes émotions. Il se lève et je comprends que la rencontre est finie. En quittant sa chambre, je suis décidée à rentrer ce soir à la maison. Finalement, la fierté personnelle d'arriver à tenir une journée entière en silence et la curiosité de tester cette expérience nouvelle

1. Bible : Luc 19, 1-10.

de lire la Bible avec mes sens me poussent à rester un peu. Je me dirige vers l'oratoire en me disant «bon, je descends de son arbre et j'irai lui dire au revoir.»

Dans ce même oratoire, je retrouve cette ambiance sereine et douce, il n'y a personne, mais je ne suis pas seule. Nous sommes deux : Dieu et moi ! Je sens monter une douceur, là, au plus intime de moi-même. Qu'est-ce qui m'arrive, cela me trouble, je suis comme intimidée de me sentir en face de ce tabernacle, pourtant cela fait cinquante ans que je rentre dans les églises, que je prie, que je vais à la messe, que j'anime des rencontres chrétiennes... J'ai peur de moi, de mon imagination. C'est décidé, je retournerai pour lui dire au revoir et je lui parlerai de ce trouble délicieux.

Assise sur mon coussin, par curiosité de cette expérience plus que par conviction, j'essaie d'appliquer la méthode enseignée où il ne s'agit pas de lire le texte mais de le vivre. Je rentre dans la scène, je suis Zachée et je descends de mon arbre avec Jésus qui me regarde, ô ce regard ! Il me demande de l'inviter ou plutôt il s'invite chez moi : «je dois demeurer chez toi.» Je m'entends lui dire : «oui, je descends, viens mon Dieu.»

Je suis profondément plongée en moi, dans un lieu où je ne suis jamais allée et tu es là mon Dieu. C'est encore plus fort, plus doux, plus tendre, plus chaud. Je ressens un bien-être comme je n'en ai jamais vécu. Finie cette boule au ventre qui traîne depuis six mois, finie cette lassitude. Que m'arrive-t-il ? C'est folie !

Je sens comme si des verrous intérieurs avaient sauté, en un instant, j'ai là au fond, une joie profonde je me sens libérée et formidablement paisible. Je n'arrive pas à contenir ce bien-être, cette paix, cette joie. C'est comme si Dieu était là devant moi, tout de suite, sans effort. Je suis bouleversée. C'est trop pour moi, c'est trop fort, c'est trop beau. Je ne peux contenir cette beauté, cet amour, cette émotion : les larmes coulent et me vient cette parole « Heureux, vous qui pleurez maintenant : vous rirez ! »[1]

Cette expérience me ferait peur tant elle est forte, mais cette douceur, ce bien-être me comblent et me rassurent. « Ce n'est pas possible de vivre cela ! Je suis en train de délirer ! Allons Véronique, reprends-toi ! » Pourtant, j'ai aussi cette intime conviction que Dieu est là. Un doute me vient : est-ce Dieu ou est-ce moi qui auto-suggère cette béatitude ? Sans plus me poser de question, « je prends ce qu'il y a à prendre. » Comme un oiseau tombé du nid qu'on recueille avec amour, lui susurrant des mots tendres et le caressant, je reste là, sans bouger pour faire durer ce moment. Je goûte, je déguste.

1. Bible : Luc 6, 20-26.

Soudain, je comprends cette « belle parole » tant entendue qui n'était pour moi qu'une façon de dire les choses : « Dieu est Amour. » Mais alors, Dieu est Amour ? IL AIME pour de bon, comme un père, comme un amoureux qui aime sa bien-aimée. Il me donne son Amour, sa douceur. J'en suis émue et toute bouleversée. Pourquoi moi qui ai déjà la foi ? Je reste encore un peu même si l'heure limite recommandée par Benoît est dépassée. Même en sortant de l'oratoire, cet état de profonde abondance ne me quitte pas. Je n'ai qu'une envie, c'est de retourner à l'oratoire. Qu'est-ce qui m'arrive ? Non, je ne peux plus partir, ni rentrer à la maison, j'ai besoin de goûter encore à ce bien-être, cette joie, c'est plus fort que moi et je veux tirer cela au clair, c'est quoi, c'est qui ?

Le lendemain, lors de l'accompagnement, par pudeur et par peur de n'être pas comprise ou d'être prise pour une illuminée, je ne veux pas raconter ce que je viens de vivre. Mais à peine rentrée dans sa chambre, avant que je n'aie le temps de m'asseoir dans le fauteuil qui m'est destiné, Benoît s'exclame : « Ah, voici un beau sourire qui se passe de mot ! » Décidément, il est bien inspiré « le stagiaire ! » Et de continuer avec un sourire que je ne lui connaissais pas : « Comment c'est passé votre temps de prière avec Zachée, quelle est la couleur ? » Il a la délicatesse d'une question suffisamment large pour que je sois libre de ma réponse mais je sens que je ne pourrai pas complètement me dérober. Il a bien vu mon changement, perceptible sur mon visage.

Je me jette à l'eau. Je lui partage vaguement ce bien-être soudain, cette joie vive, ce silence qui n'est pas vide, le sentiment d'une présence, je me contiens et n'ose pas en dire davantage. Ce n'est pas la peine, il a bien perçu mon trouble intérieur, son sourire témoigne d'une joie partagée et d'une profonde compréhension. Il a très bien compris ce que je viens de vivre. Par pudeur sans doute, pour que je ne me sente pas obligée de dévoiler le secret de mon intimité avec Dieu, il m'interrompt avec beaucoup de délicatesse. « Ce que vous venez de vivre, ne l'oubliez pas. Gardez-le, comme un trésor, bien en réserve en vous. Ce sont des fondations solides pour la suite et qui peuvent servir dans les temps de tempête ou de désert. » Je n'ai pas tout compris. De quoi parle-t-il : « la tempête », « le désert », « les fondations. » Je suis étonnée de ses propos. Je ne comprends pas ce qui se passe en moi, mais lui semble y voir très clair, il me parle de ce qui va servir ! Mystère !

Le sentant sûr de lui, j'ose une question. : « Je me demande si je n'ai pas perdu les pédales. Ce que je viens de vivre : C'est quoi ? C'est qui ? Est-ce Dieu, mon imagination ? Et il me fait la plus belle et la plus grande des réponses que je pouvais entendre :

– Ça, c'est votre liberté d'homme.

Quel respect pour moi ! Je suis bouche bée Il sait bien, pourtant, que je suis chrétienne, catholique pratiquante, il aurait pu y aller franchement avec un « oui, c'est Dieu. » Sa réponse me désarme, fait tomber mes craintes et me met en confiance. Je viens de comprendre qu'il ne va rien m'imposer, juste me monter le chemin, me donner les outils « techniques » pour me permettre de vivre ce que je choisirai, me donner les moyens, si je le souhaite, de créer une relation en direct avec mon « Créateur. » C'est donc cela « le Créateur avec sa créature ! » Je me suis trompée de coach. Le vrai coach, ici, ce n'est pas ce jésuite. Je vois bien tous les efforts qu'il fait pour s'effacer de notre relation et me mettre en direct avec lui, le Créateur !

Il complète par « ce que vous avez vécu, vous ne pouvez pas en douter. Vous l'avez vécu. Quand vous vous demandez si vous avez perdu les pédales, quand vient le doute, vous devez choisir entre la direction qui vous mène à la vie ou celle qui mène à la mort. Celle qui mène à la vie, en y pensant, elle vous procurera de la joie, de la paix. La paix et la joie sont comme le Nord sur la boussole. Elles montrent le chemin de la vie. Suivez le choix qui vous donne la joie et la paix. Dieu nous veut heureux. Si, en pensant à l'autre hypothèse, vous éprouvez de la tristesse, de l'angoisse, ce n'est pas le chemin de la vie. Chassez, alors, cette idée de votre tête, ne la suivez pas. »

Voilà qui est parfaitement clair, quel pédagogue ! J'imagine que je viens d'avoir une formidable synthèse de ce qu'on appelle le discernement ! Non seulement je suis guidée pendant cette retraite mais en plus je reçois les conseils pour la suite.

Je ne peux plus appeler Benoît « le stagiaire », certes étudiant, il n'est pas le stagiaire débutant que je croyais. Il se révèle être un guide expérimenté pour gravir la haute montagne sacrée. Il est doué ou peut-être « bien inspiré » dans l'accompagnement des âmes. Est-ce donc cela l'accompagnement spirituel ? Avoir le doigté, l'intelligence du cœur pour comprendre au delà des mots, garder le cap ferme, la corde courte lorsqu'on sort du chemin. Il m'évite le faux pas juste à temps alors que je n'avais rien vu venir. Il sait me donner le conseil juste au bon moment pour continuer seule en sécurité et me laisser le plaisir, la joie de la découverte. Il ne m'impose pas sa vision, ni sa croyance. Cet accompagnateur sait me donner le goût de Dieu, ou plutôt me montrer comment avoir ce goût. Est-ce cela les jésuites ? Toute ma reconnaissance va vers Dieu qui a mis ce guide sur mon chemin.

La rencontre a été courte mais ô combien riche d'enseignement. Je repars, avec les cartes en mains, libre de mes choix. Riche de cette drôle de rencontre de l'après-midi, je reste sur mon nuage.

Dans la nuit, je suis presque réveillée par cette douce Présence. Dans mon demi-sommeil j'interpelle : « c'est toi mon Dieu ? Si c'est toi, viens, habite mon cœur, demeure en moi. »

Et je me rendors.

Dans la journée qui suit, cette « Existence » ne me quitte pas. J'ai l'impression de lui parler toute la journée, de prier sans arrêt, un délice ! J'alterne l'oratoire, la promenade dans la campagne, la peinture, le modelage, la musique... Merveilleux ce repos et cette présence palpable. Pourquoi Dieu viendrait me voir, et faire un « miracle », un changement intérieur si radical, si soudain, si puissant ? Je suis passée de la fatigue, de la tristesse à la joie, de l'angoisse à la légèreté. Alors que depuis six mois, je fais des cauchemars toutes les nuits à cause des maltraitances et du harcèlement de mon ancien employeur, voilà que soudainement et de façon inexpliquée je dors comme une bienheureuse. Ces soucis qui me rongeaient de l'intérieur et occupaient mon esprit jour et nuit, voila qu'ils sont devenus sans importance et sont relégués à la dernière place de mes préoccupations.

Cet Amour qui m'habite, en un instant a tout brûlé[1]. Cet amour pour Dieu est devenu premier et occupe mon être jour et nuit. Etonnant : les premiers soucis sont devenus

1. Sainte Thérèse de Lisieux. Poème : Vivre d'Amour.

les derniers ! Pourtant, de temps en temps, le doute revient : « C'est toi mon Dieu ? » Comment être sûre ? Comment savoir ? C'est sûrement cela, l'acte de foi vrai et radical, celui qui engage toute une vie. Avec cette Présence palpable et la joie et l'énergie qu'elle m'apporte, c'est facile de dire « oui, c'est Lui », c'est comme une évidence, mais qu'adviendra-t-il lorsque le coup de foudre sera passé. Il faudra tenir, oui, je sais, Benoît m'a dit qu'il fallait « se souvenir de ce moment de rencontre. » Je sens que je change de visage, j'ai une joie profonde qui m'habite, c'est extraordinaire, je ne me souviens pas à quand remonte cette intensité, cet état de plénitude, le jour de mon mariage, il me semble, ou le jour de la naissance de mes enfants. Sauf qu'ici cela dure.

Je pense encore à la descente de l'arbre de Zachée et au regard que Jésus devait avoir sur lui : un sacré regard brûlant d'amour, pour que Zachée et désormais moi aussi, nous laissions faire, et le recevions chez nous.

D'autres textes me sont donnés par l'accompagnateur et certains me marquent, se gravent en moi : « les ennemis m'ont maltraité, mais ne crains plus les souffrances du feu et la rivière ne te submergera pas », « Tu as du prix à mes yeux et je t'aime. Dans ton désert, je mets un chemin ne le vois-tu pas ? » Avec cette méthode pour méditer un texte, les paroles se gravent et deviennent miennes. C'est sûr, cet état qui dure ne peut pas venir de moi.

Je n'ai aucune raison logique, aucune bonne nouvelle, qui m'aurait rendue euphorique à ce point. J'ai peur de ce que je vis, c'est si soudain, nouveau, inattendu.

J'ai peur de mon imagination, d'une construction mentale que je pourrais fabriquer. Je ne suis pas en manque d'affection. J'ai un époux que j'adore et qui me témoigne son amour depuis trente ans. Nous sommes une famille unie qui me comble. Non, je ne suis pas en manque pour me fabriquer un amour imaginaire. Et pourtant c'est bien là, il n'y a pas de doute là-dessus, c'est vrai, c'est doux, tendre et paisible. Je sens que je me mets à aimer Dieu. Cet amour grandit chaque jour un peu plus. Jusqu'à présent, je croyais le connaître, Dieu, depuis cinquante ans ! Oui, j'avais la foi, je croyais avec ma tête, à la force du poignet, j'adhérais, j'étais une croyante pratiquante, convaincue que cette religion catholique, avec ses valeurs, était source de bonheur pour tous, que Dieu était Amour pour nous avoir envoyé son fils, etc.

Mais, soudain, rien à voir : je ne crois pas, je l'aime…

D'où me vient cet amour pour Lui ?

Je ne crois plus à un Dieu, à une religion, mais j'ai rencontré Quelqu'un, un Tout Autre. Pendant cinquante ans, je suis donc passée à coté de l'essentiel ? Pendant cinquante ans, j'entendais des paroles que je ne comprenais pas ? (Dieu nous aime, Dieu est vivant, il vit en nous, etc.). Je savais que Dieu est Amour mais je ne le savais pas. Combien sommes-nous tous les dimanches à la messe à ne rien comprendre, tout en comprenant les mots. Jésus nous le dit pourtant: « ils voient sans voir et entendent sans entendre ni comprendre[1] ». Comment faire pour leur dire, j'aimerais tellement…

J'ai un besoin de plus en plus fort d'aller à l'oratoire, de me retrouver là devant lui, avec lui, en lui, (cela me rappelle une phrase de la messe qui n'avait pas de sens pour moi) sans rien faire, sans rien dire, juste comme un père et son enfant, comme des amoureux qui se regardent et qui ont le désir, le plaisir d'être ensemble. Ce désir que je perçois en moi est le même que celui que j'éprouve lorsque je suis follement amoureuse et que j'ai ce désir de m'unir. Ce sentiment amoureux pour Dieu me dépasse, c'est si soudain, si nouveau mais c'est si délicieux que je le déguste.

Avec le texte de Marie-Madeleine qui aime avec passion Jésus au point de verser du parfum sur ses pieds, c'est moi : «Va, tes péchés te sont pardonnés», lui dit Jésus. Je demande à être confessée. Tant qu'à être là, je vais « rentabiliser » le séjour! Allons au bout des choses. La confession, que je ne pratique pas depuis plusieurs dizaines d'années, se fait sans formalisme, sans rituel, sans prière

1. Bible, Mathieu, 13, 13.

à réciter par cœur. Heureusement, car ce prêtre jésuite n'aurait pas été déçu ! Nous échangeons, assis confortablement dans des fauteuils Ikea (Ils ont dû dévaliser le magasin). Nous abordons ce qui me gêne dans la vie, ce qui m'empêche d'être en relation avec les autres. Je lui ai partagé deux mots de cette retraite et voilà qu'il me lance « vous avez eu une seconde naissance ». Comment a-t-il vu ? C'est le supérieur de la communauté, il sait voir le fond des cœurs !

Déjà le troisième jour, c'est bientôt la fin de cette aventure dans ce lieu. Je suis inquiète en pensant au retour à la maison. Comment faire pour trouver les moyens de vivre cette relation avec Dieu et l'entretenir ? J'en parle lors de l'accompagnement, le lendemain.

– Il y a l'accompagnement dans la vie, qui peut jouer un rôle, mais le plus important, me dit Benoît, c'est d'entretenir votre désir, votre goût de Dieu, c'est de votre responsabilité, ne lâchez rien. N'allez pas jusqu'à la satisfaction, n'allez pas en faire trop, n'allez pas jusqu'à la saturation car le désir ne sera plus là. La relation sera en danger. Pour cela il y a plusieurs moyens, comme l'oraison, offrir des gestes de partage, rendre service, lire un texte… Il faut varier les moyens de la relation. Le désir c'est le vrai moteur.

– Message reçu ! Seigneur, je vais avoir besoin de toi, en rentrant, c'est sûr !

Le temps est toujours au beau fixe dans mon cœur, j'ai toujours cette grande paix. La Présence si familière maintenant est moins sensible dans la journée. A l'oratoire, lorsque je « descends en moi », c'est comme avant, tu es là mon Dieu, au creux de moi je n'ai qu'à te retrouver, une évidence !

C'est déjà le dernier temps de prière à l'oratoire. Je me sens forte, calme, joyeuse et puis je veux relire tous les textes de ces quatre jours. Je perds pieds, j'ai chaud, je m'énerve, je me disperse, tout s'agite en moi. Où est Dieu ? Où est cette paix dans laquelle je baignais ? Benoît me l'avait bien dit pourtant : « ne cherchez pas à en faire trop, arrêtez-vous là où le passage a du goût. Ne cherchez pas à cueillir tout le champ, vous n'y arriverez pas. Cueillez une seule fleur. » Je retombe dans mon travers, vouloir en faire trop, me surestimer. Mon orgueil sans doute.

Après le repas, Benoît m'a proposé une dernière rencontre si je le souhaite. Je frappe, je ne le trouve pas. « Zut, c'est bien ma chance ! » Je reviens un peu plus tard, il n'est toujours pas là. Je n'ai pas rêvé, il m'a bien dit « bon après-midi et à ce soir ? » Alors que c'est la panique intérieure, que j'ai justement besoin de son éclairage, il me pose un lapin ! Il aurait bien un tuyau à me donner ! Comment faire ? Je vais devoir me débrouiller toute seule et puis arrive une certitude : c'est peut être une bonne chose d'avoir ma première panne ici. Je vais apprendre à m'en sortir seule. Il doit bien y avoir une solution... Dieu peut forcément y faire quelque chose. C'est sans doute cela le combat spirituel dont Benoît m'a parlé hier :

– Il y a les moments de grâce et après, il y a le combat : la voiture est en panne, il se met à pleuvoir, on met les essuie-glaces, et on n'y voit plus rien et pourtant, Dieu est là. Il faut se battre et s'y accrocher. Il faut remonter les manches (je revois son geste) et y aller, batailler ferme, choisir son camp. »

Je ne comprenais rien à ses allusions : « au combat », à « la voiture en panne », etc. Heureusement qu'il m'en a parlé. On sent l'expérience. Décidément, quel guide !

Ce que je vis doit donc être normal. Mais cela va loin, très loin. C'est incroyable ces sensations intérieures ! Je découvre que la relation à Dieu se vit avec les émotions, les sentiments et pas uniquement avec la tête et la volonté d'y croire. Pourquoi ne pas me l'avoir dit plus tôt, pourquoi ne nous le dit-on pas ? Quel temps perdu depuis cinquante ans ! Je retourne dans un oratoire et je m'accroche, je me sens comme Marie-Madeleine en train de verser le parfum et pleurer aux pieds de Jésus. Je l'implore, lui redis ma confiance, cet Amour tout neuf, mon Amour inconditionnel pour lui. Mais ma prière reste vide et sèche. Je remets en question ce que j'ai vécu. Il n'y avait rien, personne, juste ma fatigue sans doute... Puis les paroles de Benoît me reviennent : « il faut se souvenir dans la tempête de ce moment de grâce, s'y accrocher, et surtout ne pas prendre de décisions, rester sur la position précédente, attendre une période paisible pour faire des choix.»

Après beaucoup d'efforts, je reprends une respiration plus calme, l'énervement se dissipe. Mon Dieu, ta présence n'est pas aussi palpable que ces derniers jours, pourtant, je sais que tu es là. Maintenant, j'en suis certaine ; je l'ai vécu, c'est inscrit. Je te connais et je sais : tu es vivant en moi. Plus rien ne sera comme avant et ce ne sont pas que des mots écrits sur une page. Dieu existe et il aime vraiment. Comment dire maintenant cette vie et cet amour de Dieu ?

La fin de ces quatre jours n'est pas moins surprenante.

Le dernier après-midi, l'accompagnateur m'avait donc proposé de revenir le soir mais il était absent au rendez-vous. C'est déjà trop tard, je le verrai demain au moment de la célébration du matin, vers huit heures. Il sera certainement là comme tous les matins de cette semaine. Le lendemain matin en descendant déjeuner, je passe devant sa porte. Bizarre, son nom n'y est plus ! Je me renseigne à l'accueil. Il est parti ! Nous sommes nous croisés et ratés hier soir ? Et s'il m'avait lâchée, comme on lâche un oiseau qui est prêt à voler ? Je n'ai même pas pu le remercier, lui dire au revoir...

Le guide a-t-il coupé la corde ? C'est peut-être, son dernier tour de main pour que je ne garde pas d'attache mais bien pour que je reste avec le Maître, celui qui a dit : «Je suis le chemin, la vérité et la vie.» Une fois l'ascension de la montagne accomplie, il me laisse seule avec Dieu !

Que cette situation soit volontairement calculée ou qu'elle soit le hasard d'un malentendu, finalement cela n'a aucune importance, de toute façon l'effet est le même : je suis au sommet de la montagne, là-haut, seule, éblouie. J'ai appris à gravir, à voir le danger venir, à recevoir l'orage, à m'abriter et à goûter le plein soleil. Mais le plus important est que Benoît m'ait transmis sa passion, son amour pour Jésus Christ et en moins de deux heures trente de rencontre, j'ai appris à garder et entretenir le goût de Dieu.

Là-haut, je suis subjuguée, moi et Dieu en face. Un amour brûlant (un vrai amour, pas une idée) est né de cette rencontre avec Dieu que je connaissais pourtant depuis ma naissance. Nous sommes certainement nombreux dans ce cas à croire sans vraiment l'aimer !

De retour à la maison, je raconte à une amie la fin de l'accompagnement, l'absence du soir, le nom qui n'était plus sur sa porte le lendemain… Elle me dit : «un ange est passé» !

Ne voulant pas risquer un malentendu, avec ce guide auquel je dois non seulement mes premiers pas dans la vie spirituelle mais cette rencontre qui éclaire toute ma vie, je décide de lui envoyer un mail qui n'attend pas de réponse.

Bonjour Benoît, Le 29 Aout 2013

Waouh ! Quelle semaine ! Quelle aventure ! Ça décoiffe !

Au cours de l'accompagnement, vous n'avez pas été sans remarquer mon trouble intérieur tant cette Rencontre avec Dieu était forte. C'est « dingue » cette paix, cette joie, cette présence douce, chaude et puissante à la fois ! J'en suis encore chamboulée.

Ce que j'ai vécu, m'a dépassée, parfois, jusqu'à me troubler et me faire peur, tant cette expérience de Dieu était une première pour moi et tant elle était intense et inattendue.

Ai-je « perdu les pédales » ? (oui, c'est sûr, de toute façon je n'avais plus la direction des pédales) ou est-ce normal ce type d'expérience ?

Evidement, vous n'êtes pas là pour que je vous rende des comptes de mon intimité avec Dieu, ni pour faire le « service après vente » de la retraite (et j'ai bien remarqué tous vos efforts pour vous effacer afin de me mettre en « direct », avec LUI) ; mais tant l'expérience est anormale pour moi, que je voulais la partager et être rassurée.

Je souhaitais échanger tout cela avec vous en direct, mardi soir et vous dire au revoir. Je suis venue vous voir, comme convenu, mais nous nous sommes, sans doute, croisés ! Je reste avec ma question et ma peur sur la « normalité » de cette expérience intérieure, moi la cartésienne !

Je cherchais à être coachée sur des questions d'avenir personnel et professionnel, et j'ai reçu un CADEAU intérieur. Je repars avec la vraie pêche, debout (comme Zachée), paisible, mais surtout avec un grand désir de Dieu. Je n'oublie pas : le désir est le vrai moteur, à garder intact. Les réponses à mes questions de départ viendront j'en suis sûre « je t'ai préparé un chemin dans le désert, ne le vois tu pas ? »

Merci d'avoir gardé le cap malgré ma résistance du début.

Merci de votre délicatesse et de votre discrétion que je ne comprenais pas.

Merci de m'avoir donné ce goût de Dieu ou plutôt de m'avoir montré comment avoir ce GOÛT !

Bonne suite à vous. Si le hasard de la vie le permet, ce sera un plaisir de vous croiser.

Bien fraternellement ;

Véronique Imbert

Il me répond quinze jours plus tard :

Bonjour,

Véronique merci pour ce partage de fin de retraite que je trouve en rentrant de ma propre retraite. Nous nous sommes en effet croisés le dernier soir, je vous prie de m'en excuser, je n'ai pas été assez précis dans l'heure de rendez-vous.

Vous avez vécu pendant ces quelques jours une belle expérience de rencontre avec Dieu. Il n'y a rien d'anormal à cela, ça décoiffe, ça bouscule et ce n'est jamais comme on pourrait le prévoir. Ce désir et ce goût que vous découvrez, voilà ce qui a mis en marche le peuple de Dieu il y a 4000 ans. Rien de neuf, rien d'anormal. Et en même temps, vous faites l'expérience de cette radicale nouveauté pour vous.

Puis il y a le retour à la maison, la « descente de la montagne » pour faire un parallèle biblique, qui est encore une autre expérience. Il va s'agir de vivre avec cette rencontre sans revivre forcément la même chose dans le quotidien. C'est un nouveau défi.

Si vous sentez le besoin de partager cette nouveauté pour l'apprivoiser, il y a différentes manières. Vous avez des lieux familiers de partage et d'échange qui pourront jouer un rôle. L'accompagnement personnel est aussi un moyen. Des prêtres, des religieux et religieuses, des laïcs sont formés pour cela. Vous l'aurez compris, il n'y a pas de règle dans le domaine, c'est à vous de sentir, en essayant, ce qui vous convient.

Bonne suite de retour à la vie quotidienne riche de cette expérience nouvelle et merci pour vos remerciements.

Bien fraternellement

Benoît

LA DESCENTE DE LA MONTAGNE

En arrivant à la maison, c'est ma fille qui m'accueille. Elle me trouve « rigolote » ce sont ses mots. Elle trouve que je ris pour un rien, que là où, habituellement, je me serais énervée, je plaisante. Effectivement, ce matin, en voiture, devant les queues de poissons que m'a fait ce chauffard, je suis restée calme, j'en ai plaisanté. Je sens que rien ne peut ternir cette joie intérieure.

Très vite, je me rends compte de certains changements dans ma vie et dans ma façon de réagir. Ces transformations me surprennent tant elles sont radicales, incontestables et visibles par mon entourage. Cet Amour, en moi, est si fort qu'il prend tout mon être. Ces changements me rassurent car ils répondent à mes incessantes questions : « Est-ce que tu n'as pas rêvé, Véronique ? Est-ce que ce n'est pas ton imagination qui t'a joué un tour ? » Oui, j'essaye de me rassurer en faisant l'inventaire de ces modifications repérées en moi.

Dans ces moments de doutes, il me vient alors le remord de ne pas croire d'emblée, sans avoir besoin de vérifier ma liste de preuves. De quoi ai-je besoin de plus pour croire vraiment avec tout mon être ? Que ma foi est petite et fragile ! J'ai un tel amour pour ce Dieu que dans ces moments de trouble, j'ai une profonde tristesse, j'ai ce goût amer que l'apôtre Pierre a dû avoir juste après avoir renié Jésus. Comment puis-je mettre en doute cette expérience ? Je suis terriblement triste de ne pas faire confiance et de blesser ce Dieu que j'aime en étant incrédule, en demandant toujours plus de certitudes, et en même temps, au nom d'une certaine loyauté vis-à-vis de lui, je ne veux pas le prendre pour un autre qui serait le produit de mon imagination. Je dois me faire une raison : sa présence m'a profondément changée, c'est indéniable, visible. Pourtant ce sont des petits riens qui passeraient inaperçus car le cours de mon quotidien continue comme avant.

Voulant me rendre compte de ces transformations et m'en souvenir au fil des jours, j'ai soigneusement consigné sur mon cahier ces observations comme un biologiste consignerait les observations du microscope. Non, je n'ai pas rêvé ! Je suis bouleversée par ce Dieu qui est si puissant et si réellement vivant au point d'agir.

Libérée de mes peurs

Voilà quinze jours que cette aventure a commencé. Depuis, il y a eu le retour à la vie quotidienne, la reprise du travail, les amis… Tout est pareil et rien n'est comme avant. Le premier changement est cette angoisse, ce souci avec mon ancien employeur qui a disparu en un claquement de doigts et qui n'existe plus. Oh, je n'ai pas oublié les brimades, les humiliations, cette lutte de pouvoir qui fait perdre l'éthique professionnelle et qui change la personne plutôt sympathique en un être de mensonges. Je n'ai pas oublié ces manipulations en espérant que lasse, je démissionne. Je mesure combien la jalousie est une peste puissante qui se transmet et détruit tout sur son passage. Je n'ai pas oublié les petits déjeuners que je n'arrivais plus à garder, cette douleur digestive sur le côté qui commençait à m'inquiéter, toutes les nuits à me réveiller transpirante et la gorge serrée. Bien sûr, le conflit n'est pas réglé, mais cet amour de Dieu et pour Dieu est tellement fort que tout le reste a peu d'importance.

Je pensais que de retour dans mes murs, la blessure et la rancœur allaient revenir et me ronger de jour et de nuit comme dans le passé. Je suis surprise que cette paix continue à m'habiter. Je dors toutes mes nuits, j'ai le cœur léger et joyeux. J'ai le sentiment que rien ne peut m'atteindre tellement Dieu est devenu premier. Non, je n'ai pas rêvé, ce changement ne peut venir de moi. Il faut que je me rende à l'évidence, cette rencontre est en train de changer ma vie en m'apportant une paix, une joie durable, une plénitude en chassant mes peurs. Les tracas du quotidien prennent une importance toute relative. «Venez à moi, vous tous qui peinez sous le poids du fardeau, et moi, je vous procurerai le repos» dit Jésus.[1] Dieu aime!

La rencontre de Dieu au plus profond de l'être crée une inversion, une conversion des priorités de vie. Il est impossible de ne pas le mettre en premier.

Une soif torride et délicieuse

Un autre changement perceptible est cette soif de Dieu qui s'est creusée et qui ne fait que s'intensifier. J'ai un désir, un besoin très fort de trouver les moyens de me rapprocher de lui coûte que coûte. Cette soif, je tente de la combler comme je peux. Je dois me faire une raison, je ressens un état de manque. Toute la journée, je languis après sa présence. Je cherche à être avec lui. C'est presque une idée fixe, une obsession, mais une merveilleuse obsession.

Ce désir de Dieu est délicieux, mon esprit, j'ose dire mon âme, retourne avec lui dès que je peux. Qu'y puis-je? Je suis saisie par lui et en même temps je me sens entièrement libre

1. Bible : Matthieu 11, 28-30.

de poursuivre cette relation où d'y mettre un terme. Pourquoi vouloir arrêter ce qui rend formidablement heureux ? Que de longs moments dans ce cœur à cœur et à ne rien faire d'autre qu'être en lui ! Comme dans le passage avec Marthe et Marie[1], j'ai choisi la meilleure place, j'ai choisi de m'assoir à coté de lui pour le regarder et l'écouter, ma pensée toute tournée vers lui, mes actions vécues avec un seul but : lui faire plaisir.

Cet état me rend formidablement heureuse au point que Denis me dise « qu'est-ce qui s'est passé aujourd'hui que tu as une si belle tête ? » Oui, un jour sur tes parvis vaut plus que mille ailleurs. [2] J'ai cette certitude que c'est lui qui agit. Je n'ai pas saisi Dieu, je suis saisie par lui. C'est lui qui décide de ce don. Dieu aime encore et encore !

Depuis le Châtelard, par tous les moyens, je cherche à combler cet état de manque. Je cherche des films qui me rapprochent de Dieu. J'ai visionné en une soirée le film Jésus de Nazareth. Dans le supermarché, je suis ravie d'arriver à la caisse pour devoir attendre et donc avoir du temps pour être avec Dieu, le prier en faisant la queue. Dès que j'ai un peu de temps, seule, je me mets en prière pour être avec lui, pour repenser à cette rencontre dans l'oratoire du Châtelard.

1. Bible : Luc 10,38-42.

2. Psaume 84.

Parfois, en me cachant, je file sur internet pour lire des témoignages de saints, de chrétiens pour me rassurer que cette expérience n'est pas le fruit de mon imagination mais que d'autres ont vécu la même chose. Et je lis : « une grande et délicieuse paix s'est répandue dans mon cœur. Cette expérience fut un tournant décisif et une grande libération… » « je suis tombée sur un verset qui a littéralement changé ma vie ! »

Je cherche aussi à connaître les jésuites et leur approche de Dieu. Tous les moyens sont bons pour me rapprocher de Dieu et entendre parler de lui. J'ai besoin de nourrir cette rencontre qui me comble.

C'est incroyable, je ne me reconnais pas. Je deviens une véritable grenouille de bénitier !

Quel changement brutal en moins de quelques jours ! Cette transformation m'amuse, me surprend. Elle pourrait m'effrayer aussi, s'il ne me revenait à l'esprit les paroles de Benoît : « Le désir est le vrai moteur, c'est de votre responsabilité de l'entretenir. » Oui, je perçois que j'ai un désir de rencontre avec lui, en lui, un désir de prière qui est décuplé et qui dure.

Avec le temps qui passe, ce désir risquerait de s'effriter, de se ternir. Au contraire, avec le retour à la maison, cette présence est comme une passion qui s'est installée et j'en viens à négliger ce qu'il faut que je fasse dans mon quotidien pour prendre du temps avec lui.

Ce doit être cela «mettre Dieu en premier dans sa vie». Ici, en l'occurrence, j'ai plutôt l'impression que c'est lui, Dieu, qui s'est installé chez moi comme une délicieuse idée fixe. Il faut que j'apprivoise cette présence, l'accompagnement est sans doute un moyen, on verra!

Parfois cette soif de Dieu m'épuise, me vide. «Mon âme s'épuise à désirer les parvis du Seigneur» dit le psalmiste[1].

Ce manque de Dieu peut apparaître subitement aussi.

Je suis en voiture et je rentre du travail. J'ai passé une journée ordinaire. Soudain, je ne sais pourquoi, la pensée de Dieu traverse mon esprit et en même temps une soif incroyable, d'être avec lui, qu'à lui, là, tout de suite. «Je ne vais quand même pas m'arrêter sur le bord de la route pour prier!». Je me demande, encore une fois, si je ne suis pas en train de perdre les pédales. Je me raisonne et je pense qu'avec ce que j'ai déjà vécu ces derniers temps, plus rien ne devrait me surprendre de la part de Dieu. Cette soif soudaine mêlée d'un enveloppement d'amour est sans doute la dernière nouveauté de Dieu.

Malgré ce besoin de le retrouver dans le silence, je décide d'aller jusqu'à la maison et de prier en arrivant. Ce trajet me paraît long.

---

1. Psaume 84, 83.

Après avoir posé mon sac et mon manteau, je m'assois et ferme les yeux : « me voici Seigneur. » Quel soulagement, quel bonheur d'être là et Dieu présent de façon si évidente. C'était aussi bon que la première gorgée d'eau fraîche après une soif torride.

Saint Jean de la Croix écrit « ces touches divines arrivent quand on y pense le moins. Parfois ses souvenirs divins se réveillent subitement à la seule pensée de choses très minimes. Elles se font sentir avec tant d'efficacité que parfois ce n'est pas seulement l'âme mais le corps qui en tressaille de joie. Parfois il n'y a pas de tressaillement mais un sentiment élevé d'allégresse et un rafraîchissement pour l'esprit. Ces connaissances sont données à l'âme à l'improviste et sans la volonté. Elle n'a rien à faire pour les vouloir ou les refuser. »[1]

Ce feu que Dieu allume prend tout l'être, produit une soif brûlante qui surprend. Thérèse d'Avila relate « Le sentiment de la présence de Dieu me saisissait alors tout à coup. Il m'était absolument impossible de douter qu'il ne fût au dedans de moi, ou que je ne fusse toute abîmée en lui. La volonté aime, la mémoire me paraît presque perdue ; l'intelligence ne raisonne pas. »[2]

---

1. Saint Jean de la Croix, *Montée au carme*l, ch. XXIV.
2. Thérèse d'Avila, *Vie*, ch. X.

Cette soif bien que délicieuse est en même temps une douleur par l'état de manque qu'elle produit. Cette soif nous pousse à mobiliser toute notre énergie pour aller chercher Dieu de plus en plus profond et s'y rapprocher. Thomas d'Aquin dit que l'on reçoit la grâce à la hauteur de notre désir. Plus on s'en rapproche, plus la soif augmente et l'état de manque s'intensifie. C'est terriblement bon et cela épuise aussi. Quel changement ce désir de Dieu !

Une sensibilité nouvelle

Ma sensibilité s'est décuplée. Face aux malheurs, aux bonheurs des personnes que je rencontre, mais aussi face à la beauté, j'ai la larme facile. Moi qui ne pleurais jamais devant les films, voilà que je pleurniche dans les scènes émouvantes.

Dans ces premiers jours de rentrée scolaire, une de mes élèves a perdu son père. Je ne connais pas cette élève et je ne suis pas attachée à elle. A l'annonce de ce décès, les larmes ont inondé mes yeux, ma gorge s'est serrée et c'est la voix pleine d'émotion que j'ai annoncé le décès aux élèves de la classe. Je ne me reconnais pas. Jamais auparavant, je n'aurais été touchée à ce point. Tout au plus, j'aurais pensé que c'était bien triste pour cette jeune. J'aurais eu de la peine « avec ma tête » et je lui aurais présenté mes sincères condoléances. Mon cœur serait-il devenu plus compatissant, plus tendre, plus humain ? Serais-je devenue plus en communion avec mon semblable. J'étais comme une corde tendue, raide, qui avait du mal à vibrer.

Depuis cette rencontre, je vibre à la moindre brise. Je me laisse toucher par ceux qui m'entourent, je deviens encore plus perméable aux autres. Je perçois que mon cœur se transforme, s'effrite. La puissance de cette rencontre a créé des fissures dans cette dureté et maintenant la lumière et la douceur peuvent passer. Combien de fois ai-je entendu les textes ou des sermons où Dieu promettait un cœur nouveau[1] : « Je vous donnerai un cœur neuf et je mettrai en vous un esprit neuf, j'enlèverai de votre corps le cœur de pierre et je vous donnerai un cœur de chair... Vous serez mon peuple et je serai votre Dieu. » Aujourd'hui, je comprends ce verset que je vis ! Voilà que ce cœur nouveau est à l'œuvre. Quelle délicatesse de la part de Dieu !

J'ai de l'audace !

Cette présence de Dieu m'a apporté de l'assurance et de l'audace. Je me sens presque invincible, non pas au sens où les événements de la vie m'épargneraient. Non, je sais bien que la vie va continuer avec ses accrocs, ses échecs, ses déceptions, ses maladies,

1. Bible : Ezéchiel 36,16-38.

mais cela ne me fait pas peur. En quelques jours j'ai acquis un détachement vis-à-vis des événements qui est incontestable. Saint Aelred de Rievaulx écrit qu'avec Dieu : « On ne voit alors rien à désirer d'autre, rien à craindre, rien à envier, rien à soi qui pourrait vous être enlevé, rien de mal qui pourrait vous être causé. »[1]

J'ai la certitude que je ne suis pas seule, que le Seigneur me guide. Oui, ce sont des mots que l'on a entendus tant de fois ! Là, je ne les ai pas entendues ces belles paroles, je les expérimente.

Dieu est devenu premier. Tout le reste n'a pas vraiment d'importance puisque j'ai Dieu. Ce renversement des priorités me rend audacieuse... Là où il m'aurait été difficile d'aller demander ou de régler un différend, j'ai acquis une réelle assurance. J'ai cette force en moi qui me donne des ailes. « Avec cet Amour d'estime que l'on a pour Dieu, on devient tout autre... On est plein d'audace, aucun obstacle n'effraie, on est transporté, tout brûlant de zèle. On accomplirait même des choses étranges »[2] écrit Saint Jean de la Croix.

---

1. Saint Aelred de Rievaulx (1110-1167), moine cistercien, *Le Miroir de la charité*, I, 30-31 (trad. Brésard, 2000 ans A, p. 188 rev.).

2. Saint Jean de la Croix, *La nuit obscure de l'âme*, livre II, ch 13.

En ce début d'année scolaire, j'ai dû négocier un changement d'emploi du temps avec certains de mes collègues, et pour un enseignant, un emploi du temps c'est sacré ! J'ai aussi dû demander à mon chef d'établissement de bien vouloir augmenter mon temps de travail. J'ai abordé ces collègues dans une relation immédiate et chaleureuse. J'ai cette joie qui m'anime et qui ouvre grand le cœur. L'assurance qui m'est donnée est le contraire de la dureté. Ce changement me surprend.

Avant l'événement de cet été, j'aurais tourné dans ma tête ces rendez-vous, je me serais préparée comme on se prépare pour rentrer en guerre. Je vole au-dessus. Avant d'aller discuter, je n'ai aucune appréhension, aucune inquiétude, comme si rien ne pouvait m'affecter. Les mots me viennent avec chaleur. Je ne suis pas en face de l'autre mais je suis avec lui pour trouver la meilleure des solutions. Quelle surprise ce changement dans la relation !

L'audace que Dieu met dans nos cœurs favorise la rencontre et l'union avec son semblable.

J'y vois plus clair pour avancer

Sa présence en moi m'a amené une paix, une sérénité et une force intérieure. Mais le plus remarquable c'est cette clairvoyance que j'ai acquise, cette perception plus précise de l'autre : mon voisin, mon enfant, ma collègue... Je perçois ses émotions et je peux naviguer dans ma relation avec la personne avec plus de justesse. J'ai une intuition sur la manière d'aborder l'autre pour être dans une relation d'alliance.

Le fait le plus marquant pour moi est cette lettre que je devais faire pour apaiser une relation difficile, nourrie de non-dits. Depuis longtemps, elle pesait au fond de moi. Je désirais écrire mais il m'était impossible de faire le premier pas à cause de ma fierté stérile et de mon incapacité à trouver les bons mots. Qu'allais-je écrire, comment le dire ? Je risquais d'envenimer la situation…

Mais voilà qu'en rentrant de cette retraite, le désir de réconciliation se fait fort. Je ne perçois plus ce premier pas comme un signe de faiblesse et d'abaissement. Au contraire, je sais que je peux faire ce rapprochement parce que je suis nourrie. Cette lettre s'impose à moi. Je prends une carte.

Je n'ai pas besoin de réfléchir pour écrire. Les mots ne viennent pas de la raison mais du cœur. Dieu est le vent, il gonfle ma voile et mon stylo avance sur la carte. J'ai quitté, j'espère définitivement, cette posture étriquée de calcul : « J'ai fait un pas, à lui ou elle maintenant de faire le prochain. » Je m'étonne d'avoir une attitude détachée, de l'humour. Le bon Dieu habite tout mon être et mes phrases sont empreintes d'amour. J'arrive à trouver le sentier pour avancer d'un pas assuré, sans heurt et avec bonté. Cette attitude vient du fond du cœur et elle s'impose à mon intelligence, quelle nouveauté !

L'esprit est dominé par le cœur ardent, c'est lui qui pilote. Dieu donne une nouvelle capacité à rentrer en communion avec la vie de l'autre et à faire alliance. Saint François de Sale dit : « il faut que vos paroles soient enflammées, non par des cris et des actions démesurées, mais par l'affection intérieure. Il faut qu'elles sortent du cœur plus que de la bouche. On a beau dire mais le cœur parle au cœur, la bouche ne parle qu'aux oreilles. »[1]

La parole de Dieu est vivante : je le savais… mais je ne le savais pas !

L'autre changement est cette compréhension toute nouvelle des textes de la Bible. Avant, je comprenais les mots, avec mon intelligence, maintenant, je les comprends avec une autre dimension de mon être. Je les comprends à un autre niveau, celui de l'expérience, de la présence de Dieu en moi. Je comprends l'Ecriture avec « une autre langue »…

C'est comme si j'avais toujours connu la vie au travers d'un négatif de pellicule photo et que Dieu l'avait développé. Je vois

1. Saint François de Sale, lettre à Mgr Frémyot, 1604.

la vie et comprends les textes de la Bible, avec une autre réalité, une autre échelle de valeur. Il se révèle à moi comme une épreuve photographique. Est-ce cela la « révélation » ?

Hier, par exemple, je lisais ce passage de Paul « c'est quand je suis faible que je suis fort. »[1] Je connaissais par cœur ce passage. Pourtant, je ne le comprenais pas : alors que j'étais affaiblie à cause du conflit avec mon employeur, je me suis sentie à ce moment-là formidablement forte. J'ai perçu cette puissance, cet amour de Dieu en moi, me donnant du désir, de l'énergie, de la joie. Oui, c'est lorsque je lâche, que je le laisse faire, que je ne compte plus sur mes seules forces que Dieu peut habiter et prendre toute sa place. C'est parce qu'il y a abandon que tu me rejoins, mon Dieu. J'ai quitté mon centre pour te laisser au cœur de mon être, de ma chair. Je te laisse me faire vivre, je me laisse agir par et pour toi. Je peux dire qu'au plus bas de ma faiblesse, j'étais forte car c'est toi mon Dieu qui était en moi.

Que peut comprendre un enfant qui ne connait pas le feu et à qui l'on explique que ça brûle, que c'est chaud, que ça crépite… Que peut comprendre un enfant qui a lu la description des paysages maritimes des dizaines de fois au point de pouvoir réciter ces textes. Après la première balade en mer,

1. Bible : 2 Co 12, 10.

en les relisant, il comprend ce qu'est le roulis des vagues, le soleil qui se reflète comme mille diamants à la surface. Il a encore le goût iodé dans la bouche, le mal de mer. Il comprenait mais il ne comprenait pas. J'ai été cet enfant pendant cinquante ans. J'avais bien lu que « les fruits de l'Esprit, sont l'amour, la joie, la paix »[1], mais je ne savais pas que Dieu pouvait apporter de façon si sensible l'amour, la joie, la paix.

Oh, je ne saisis pas tout, mais je sais ce que veut dire « Dieu vit en nous et il nous aime ».

Avec les jésuites, j'ai découvert que les textes de la Bible ne se lisent pas mais se vivent en se mettant dans la peau des personnages, en laissant monter les émotions. En rentrant dans la scène, je suis en direct avec lui. Sa parole est pour moi. Il s'adresse à moi à travers la Bible, c'est son canal d'émission.

Cette phrase tant entendue « la Parole de Dieu est vivante », aujourd'hui, je la comprends pleinement. Tout est devenu si clair ! Je lis la Bible comme je lirais un courrier d'un être cher, ces mots doux, je les dévore.

Quel cadeau de pouvoir vivre de ces textes. C'est une Parole vivante ! Quelle nouveauté ! Je le savais, mais je ne le connaissais pas avec le cœur !

---

1. Bible : Galates 5, 22.

Ma vie est dopée

Autre changement perceptible : ce goût de la vie. Je me sens autrement plus vivante. J'ai le sentiment que ma vie a pris de l'intensité, de l'épaisseur par cet Amour qui me fait vivre et qui est au creux de moi. Je n'ai plus la même « puissance » d'amour, elle s'est décuplée sans que j'y sois pour quelque chose. C'est comparable à un sportif qui subitement aurait sa force musculaire décuplée : plus besoin de faire autant d'effort pour atteindre le but.

J'ai l'impression d'aimer davantage tout le monde, même avec ceux pour qui c'était plus difficile. J'ai acquis une attention aux autres que je n'avais jamais eue et qui varie avec l'intensité de ma relation à Dieu.

Si Dieu est palpable, s'il est vraiment présent dans ma vie, toutes mes relations aux autres seront plus douces, plus aimantes, plus fortes, plus joyeuses. J'ai une réserve d'amour immense, là, dans le cœur, je n'ai qu'à y puiser. Cette réserve augmente au fur et à mesure que j'y puise. On m'a changé le moteur. Je suis passée d'un moteur de mobylette à un moteur d'avion à réaction. Oh, je sais bien que pour garder ce moteur-là, je vais devoir l'entretenir. Je sais qu'à chaque instant je vais devoir rester en lien avec son Créateur car c'est lui qui a le carburant et la fiche d'entretien. Je mesure bien que ce n'est pas en allant voir le fabricant de temps en temps mais bien en étant en lien permanent dans ma vie, c'est-à-dire en faisant de ma vie à chaque instant une existence habitée et agissante par et pour Dieu.

Comment puis-je y arriver, que dois-je faire ? C'est assez paradoxal, mais j'ai l'intuition que justement « je ne dois pas faire » mais me détacher de moi-même pour le laisser faire. Je dois mettre mon énergie, mon effort à être en lien avec lui, à trouver des moyens pour le rester et lui fera le reste. Mon Dieu, tu m'attires irrésistiblement et je me laisse faire.

Voilà ce que j'ai trouvé pour que Dieu demeure en moi et pour que je reste en lien :

D'abord, je lui parle dans ma tête. Je pose une décision de le suivre non pas parce que c'est bien de le faire, mais parce que je l'aime. J'essaye aussi de poser des actes, des petits services pour lui. Puis, je prends du temps pour me laisser aimer et surtout l'adorer. Ces moments sont si doux et si ardents : « Donne-moi seulement de t'aimer mon Dieu ! »[1]

Dans la journée, je l'écoute en prenant un texte de la Bible et, comme enseigné au Châtelard, je rentre dans le texte, je me laisse toucher. Ô combien Thérèse d'Avila a raison de dire que pour prier, il ne faut pas beaucoup penser mais beaucoup aimer, comme elle je pourrais écrire : « Figurez-vous

1. Prière de saint Ignace de Loyola.

un aveugle, ou quelqu'un au milieu d'une obscurité profonde, s'entretenant avec une autre personne : il sait certainement et il croit que cette personne est là, puisqu'il l'entend, mais il ne la voit point. Ainsi en était-il de moi lorsque je pensais à Notre-Seigneur.»[1] !

Il me tarde le soir de me retrouver seule avec lui dans le silence et de lui partager ma journée. «Demeurer en lui»[2] me suffit, pas besoin de Bible, de prières, être là seulement. «Oui je l'ai trouvé Celui qu'aime mon âme, cet Unique nécessaire que nul ne peut me ravir. Oh! Qu'il est bon, qu'il est beau! Je voudrais être toute silencieuse, toute adorante afin de pénétrer toujours plus en lui et d'en être si pleine que je puisse le donner par la prière à ces pauvres âmes ignorantes du don de Dieu» nous partage Elisabeth de la trinité.[3]

La nuit, il m'arrive de m'éveiller, je ne sais pour quelle raison. Je ne cherche plus à me rendormir, comme je l'aurais fait auparavant. Je savoure ce moment très intime avec mon Dieu et j'oriente mon cœur vers lui, j'ai tout mon temps. Ce sont de beaux moments de cœur à cœur. C'est au fond de moi que je retrouve le Seigneur. «Si tu vas au bout du monde, tu trouveras la trace de Dieu; Si tu

1. Thérèse d'Avila, *Vie*, ch. 9.

2. Bible : Jean 15, 4.

3. Elisabeth de la Trinité, lettre au chanoine Angles, le 2 Août 1902.

vas au fond de toi, tu trouveras Dieu lui-même » nous dit Madeleine Delbrêl. Une nuit, j'ai voulu faire une petite folie pour lui : j'ai lu un évangile en entier. Quelle expérience délicieuse ! Je comprends, maintenant, ces moines qui se réveillent la nuit pour prier, c'est tellement facile, bon et édifiant !

Quel virage en un mois : là ou j'avais de la peine à prendre dix minutes pour Dieu, voila qu'il remplit ma journée et mes nuits. Cela me comble. Avec cette nouvelle sensibilité, cette nouvelle réserve d'amour, la vie a encore plus de relief, d'intérêt. Nous devenons encore plus vivants. Quelle métamorphose !

Dans la lune

Cette relation avec Dieu est si forte que j'en deviens étourdie, joyeuse comme une jeune lycéenne amoureuse qui n'arriverait pas à se concentrer et suivre les cours malgré tous ses efforts. Je ne parviens pas à me fixer sur ce que j'ai à faire. Il faut que je fasse très attention pour ne rien oublier, je suis un peu dans la lune.

La dernière étourderie date d'hier à la banque. L'agent d'accueil me donne les bordereaux à remplir. Elle doit me les rendre à deux reprises car chaque fois j'ai oublié de compléter les rubriques : je ne signe pas, je saute des mentions. Elle me rappelle à l'ordre, je fais tous mes efforts pour me concentrer. Je vérifie une dernière fois avant de partir, il me semble que tout est bon. Je passe la porte et elle me rappelle en souriant : « vous avez encore oublié de signer ! » Décidément !

Je dois le reconnaître, je suis ailleurs. Je me souviens du conseil de Benoît dans son mail au retour de la retraite. « Il va s'agir de vivre avec cette rencontre... C'est un nouveau défi. » Quel défi ! Je dois apprendre à remplir un formulaire et être avec Dieu !

Dans ce chemin qui est nouveau pour moi, je dois avouer que j'ai un problème de logistique, ça bouchonne ! Je n'arrive pas à tout faire en même temps. Je n'arrive pas à demeurer en lui et gérer ma vie. C'est l'un ou l'autre. J'ai peur de ne pas arriver à me partager et de ne plus être à ce Tout Autre que j'ai découvert. J'ai peur de m'éloigner en me faisant distraire par la vie quotidienne.

Mon cœur est troublé. Dès que je n'ai plus à faire une tâche vitale, mon être est à nouveau accaparé par cette plénitude, cette joie, cet Amour. Toute mon énergie, ma mémoire, ma volonté sont prises par Celui qui m'habite. Impossible de me concentrer, c'est trop grand pour mon cœur. Il faut pourtant que j'arrive à travailler... Là où d'ordinaire j'aurais été agacée de ne pas pouvoir avancer dans ma journée cela me rend terriblement heureuse. Lorsque j'entame une activité intellectuelle, quand j'essaie de travailler, cette présence m'accapare, tant elle se déploie et prend toute la place. Elle est plus forte que tout et délicate aussi. Je comprends pourquoi les religieux se mettent à l'écart du monde trépidant, ils ne pourraient pas suivre le rythme et écouter leur cœur. Je n'arrive pas à tout faire, l'aimer et travailler !

« Au début de l'Union, dit saint Jean de la Croix, il ne peut manquer d'y avoir un grand oubli de toutes choses. Aussi, on fait beaucoup de fautes dans les rapports extérieurs... on oublie si l'on a fait une chose ou non. La mémoire est absorbée en Dieu. »[1]

Un nouveau regard

Depuis la retraite, je sens que mon regard sur le conflit avec mon employeur a changé. Nous sommes toujours en préparation d'un prud'homme. Mais quand je pense à ces administrateurs pour qui j'avais des sentiments de colère et de rancœur, il me vient aujourd'hui « ils ont fait comme ils ont pu, avec leurs faiblesses. Je les plains. » Malgré cette douleur encore vive, j'ai ce désir de pardonner. C'est au-delà de mes forces pour le moment, mais je prie pour eux ! Quel changement de regard !

Pour sortir du puits de mon angoisse, j'avais deux choix : me durcir, m'enfermer et attiser ma haine ou demander de l'aide, mais à qui ? Même si mon naturel guerrier

1. Saint Jean de la Croix, *La montée au carmel*, ch. 1.

me poussait vers la première solution je savais que m'endurcir ne me mènerait pas au bonheur et me ferait mourir de l'intérieur. Alors j'ai fait cette retraite. Sans cette épreuve, je n'aurais peut-être pas fait cette pause en silence. Heureusement qu'il y a eu ce conflit ! Il a favorisé la rencontre avec toi, mon Dieu ! Tu m'as enveloppée de ton Amour et m'a transformée, m'évitant de devenir une handicapée de la relation pour le restant de ma vie.

Ce conflit m'avait écrasée et tourmentée pendant des mois. J'aurais tout fait, tout donné, pour ne pas avoir à vivre ce que j'avais vécu. Aujourd'hui, j'en viens à me dire une chose impensable quelques mois plus tôt : ce conflit, est sans doute la meilleure chose qui me soit arrivée, en m'ayant poussée à ta rencontre. Quel changement de regard !

Le besoin d'en parler et de témoigner

Depuis mon retour je ne peux plus me taire. Je suis surprise par l'énergie qui me pousse à raconter ce que j'ai découvert et ce qui s'est opéré en moi. Il faut que je raconte, il faut que je témoigne !

Je comprends les apôtres qui ne pouvaient pas se taire. A ma petite échelle, sans avoir vécu la résurrection de Jésus, mais seulement une rencontre personnelle avec Dieu, je perçois une force qui me pousse à le dire. Me taire est une vraie souffrance.

C'est plus fort que moi, il faut que je partage cette expérience. A la fois, je suis gênée de raconter un événement aussi intime, si particulier, et en même temps cela me rend heureuse. Chaque fois que je me confie à des amis, l'émotion revient, mes yeux deviennent humides, mon cœur s'emballe et mon interlocuteur est lui aussi chamboulé. Il est touché par le partage de cœur à cœur, la confiance et me remercie sincèrement.

Oh, je ne suis pas de celles qui vont se mettre sur la place publique pour crier leur foi. Je témoigne en tête-à-tête avec les gens que je connais. Je n'ai pas témoigné beaucoup. En dehors de mon mari et mes enfants, je n'ai partagé ce trésor qu'avec dix amis ou collègues tout au plus. J'ai besoin de me sentir à l'aise, que la personne soit réceptive, curieuse et en attente. J'attends un pas en avant de sa part.

Les entrées en matière sont très variées : « tu as l'air en pleine forme, tu es rayonnante, qu'as-tu fait ? », « Pourquoi viens-tu tous les mois voir une accompagnatrice, ici ? » « Accompagnatrice de quoi ? », « Connais-tu les exercices spirituels de saint Ignace ? » J'attends que la personne crée l'occasion et que sa porte s'entrebâille. Il y a eu aussi l'épisode avec la postière que je ne connaissais pas :

– On dirait que les vacances ont été bonnes, plus les vacances sont bonnes plus la reprise est dure n'est-ce pas ? me dit-elle.

Elle ne pouvait pas mieux dire : c'était de Sacrées vacances ! Et si je partageais l'expérience de la retraite à cette postière, là devant le comptoir ? Quelle idée saugrenue, moi qui suis si peureuse d'habitude ! C'est plus fort que moi, il faut que j'en parle. « Mon Dieu aide moi ! »

Je me lance :

– Oui, je rentre de vacances de luxe… je plaisante ! Je reviens d'un temps que j'ai pris pour moi : quatre jours en silence, toute seule, un bonheur ! Elle semble très intéressée au point de me demander l'air un peu gênée : « sans vouloir être indiscrète, vous pouvez me dire où vous étiez ? »

Je lui raconte en deux mots : le Châtelard, les jésuites, l'expérience du silence.

Elle conclut « ça donne envie, cela ne doit pas être mal ! »

Je suis étonnée de cet échange et je me parle en moi-même : « tiens, c'est comme à la Pentecôte, je ne peux pas me taire, c'est plus fort que moi. Dieu m'a donné l'attitude pour témoigner, les mots dans la langue de l'autre pour que la postière me comprenne, pour que le message passe. » Est-ce cela l'Esprit qui vient donner aux apôtres des facilités d'élocution, une force, une capacité à se faire comprendre par l'autre, avec sa langue à lui? «Ne vous inquiétez pas, c'est l'Esprit Saint qui parlera pour vous.»[1] Je comprends cela.

Ce qui est magique à chaque témoignage, c'est mon augmentation du goût de Dieu. C'est imparable; il suffit que je raconte ma découverte, la joie, la paix, l'amour et cela augmente ma foi, mon intimité avec le Seigneur, comme si en témoignant, ça m'alimentait moi aussi.

Au début, lorsque je décris mon arrivée au Châtelard, ma déception devant le coach qui n'en était pas un, cela amuse mon interlocuteur qui ne voit pas très bien où je veux en venir. Puis vient le moment où je raconte mon entrée dans l'oratoire, la descente de l'arbre de Zachée et une certaine gêne s'installe, gêne de rentrer dans l'intimité. Je remarque qu'à chaque fois mon interlocuteur est troublé de ce partage. Je vois de l'émotion dans ses yeux. Parfois je le vois gêné, en train de masquer ses larmes comme il peut.

C'est étonnant, cela me dépasse de voir à quel point Dieu est contagieux. A chaque fois, la personne me remercie comme si je lui avais offert un beau cadeau, elle est reconnaissante de la confiance que je lui témoigne en partageant mon trésor. Mon interlocuteur plein de gratitude m'exprime le bien que

1. Bible : Matthieu 10, 20.

je viens de lui faire, et conclut : «tu as de la chance.»

Je suis surprise de l'effet de cette confidence. C'est impossible, cela ne vient pas de moi ! Chacun son boulot : mon rôle est de raconter cette rencontre et celui du bon Dieu, de toucher les cœurs !

DE LA FOI A L'AMOUR

Éduquée dans le catholicisme par mes parents, j'ai toujours vécu avec religion. Comme beaucoup d'autres chrétiens, j'ai fait ma crise de foi à l'adolescence mais je peux dire que j'ai eu une vie de foi avec une pratique régulière.

Depuis notre mariage, avec mon époux, nous participons tous les mois, à des rencontres de couples en « Equipe Notre Dame. » Pendant toutes ces années, j'ai appris et compris que croire en Dieu se faisait avec effort, il « faut » aller à la messe, il « faut » lire la Bible, il « faut »…

J'ai entendu et appris, comme la plupart des chrétiens, que croire c'est adhérer en un Dieu, un esprit abstrait, que les paroles de la Bible sont une façon de parler, avec des images, que c'est un Dieu dans le ciel. J'ai entretenu une foi théorique qui connaît beaucoup de choses et qui croit que, oui, Dieu est bon car c'est le Créateur et qu'il veut le bien de l'homme… Je peux affirmer que j'avais la foi en Dieu.

J'avais compris que la foi était une adhésion intellectuelle qui se traduisait dans la vie par des actes de charité envers son prochain, qu'il s'agissait d'une volonté d'y croire. J'ai entendu des milliers de fois « Dieu est Amour », je ne peux pas dire que je ne le savais pas, et pourtant je le découvre. Je n'avais jamais compris que Dieu était l'amoureux avec qui on pouvait avoir une relation, avec des sentiments, des émotions. Je découvre avec surprise une relation qui peut être « sensible ». J'ai senti cet amour et j'aime Dieu qui est là comme un ami.

Pourtant l'Eglise nous le dit dans le texte du concile de Vatican II. « Ce Dieu invisible s'adresse aux hommes en son surabondant amour, comme à des amis. Il s'entretient avec eux pour les inviter. »[1] Je sens dans ma chair son amour. Comme Elisabeth de la Trinité, j'aurais pu écrire « je sens tant d'amour sur mon âme, c'est comme un océan en lequel je me plonge, et je me perds… Il est en moi, je suis en lui, je n'ai qu'à l'aimer, qu'à me laisser aimer et cela tout le temps, à travers toutes choses : s'éveiller dans l'amour, s'endormir

1. *Dei Verbum*, n° 2, Vatican II, Constitution dogmatique sur la révélation divine.

dans l'amour, l'âme en son âme, le cœur en son cœur, les yeux en ses yeux... »[1]

Je prends le risque d'une répétition tant l'importance est de taille : l'amour pour Dieu prend tout l'être. J'ai été effrayée de moi-même, de ce que je vivais, c'était si soudain, si puissant. Thérèse d'Avila écrit « on est pénétré de la crainte la plus vive, mais cette crainte est enveloppée de l'amour le plus ardent. »[2] Quelques mois ont déjà passé et pourtant je continue à y penser toute la journée, je ne parviens pas à m'en démettre, je suis prise, éprise. Sa douceur, sa délicatesse, son amour, me rendent joyeuse. Je me retrouve intérieurement comme il y a une trentaine d'années, où j'avais besoin de me rapprocher de mon amoureux en relisant ses lettres, regardant inlassablement les photos, en écoutant les amies me parler de lui, repensant aux bons moments du week-end passé. Je ne cesse de penser à cette rencontre au Châtelard. Le cœur est brûlant.

Je retrouve sa présence, dans ces longs temps de silence, lorsque je parviens à calmer mon esprit. Je reste là, avec lui, comme on peut rester avec son amoureux, son époux, son ami, à se regarder dans les yeux, pendant de longs moments, sans rien se dire en se

1. Elisabeth de la Trinité, lettre au chanoine Angles, du 2 Aout 1903.

2. Thérèse D'Avila, *Vie*, ch. 10.

prenant dans les bras, je me love dans les bras de Dieu. Je suis l'aimée, l'enfant dans les bras de son Père. A l'intérieur, c'est une vraie canicule.

Il y a aussi cette douce excitation à l'intérieur, et ce désir puissant dont j'ai déjà parlé, d'aller le retrouver. Si je n'avais pas peur des mots je dirais que je l'aime par moment plus que tout. «Tu aimeras le Seigneur ton Dieu de tout ton cœur de toute ton âme, de tout ton esprit, de toutes tes forces.»[1] Je n'ai jamais été aussi proche de ce «tout» qui prend sens.

J'ai de la peine à transcrire toutes ces sensations avec des mots qui ne sont pas assez grands, assez beaux ou qui n'existent pas. Il faudrait que j'arrive à les colorer de sa douceur qui imprègne toutes mes rencontres en silence. Je ne pourrai plus jamais écrire le nom de Dieu sans avoir peur de blesser son amour.

Depuis mon retour à la maison, je peux faire miennes les paroles de Thérèse d'Avila : «je sentis croître en moi le désir de rester plus longtemps avec mon Seigneur dans l'oraison. A chaque moment de solitude, je sentais renaître mon amour pour Dieu. Je voyais bien que je l'aimais, mais je ne comprenais pas.»[2]

---

1. Bible : Marc 12, 28

2. Thérèse d'Avila, *Vie*, ch. 9.

Thierry Bizot, producteur de Télévision de la série « Fais pas ci, fais pas ça » découvre Dieu. En faisant la promotion de son dernier livre, « Sauf miracle bien-sûr », il est interviewé, dans une émission, par Marc Olivier Fogiel, le célèbre animateur :

– Vous venez de découvrir la foi, qu'est-ce que c'est pour vous ?

Il a cette réponse incroyable, mais dans laquelle je me retrouve :

– Pour moi, avoir la foi, c'est comme avoir une relation extraconjugale avec le bon Dieu.

C'est sans doute une étonnante comparaison, mais ce qu'elle dit de vrai, est cet amour naissant, cette passion qui prend tout l'être, cette relation qui se vit à deux, entre soi et le bon Dieu, entre « le Créateur et sa créature. » C'est une relation individuelle avec le Seigneur, même s'il existe une vie spirituelle partagée au sein du couple. Ce qu'elle dit de vrai aussi cette comparaison, c'est qu'il est très difficile d'en parler à ses proches, au début.

Ce que j'observe en moi est tellement surprenant que je crains de n'être pas comprise. Comment mon interlocuteur pourrait-il comprendre un amour avec Dieu ? J'essaye de partager avec mon époux ce bouleversement intérieur et cette rencontre. Il m'aime, il me fait confiance, il m'écoute et pourtant je vois bien qu'il ne comprend pas, comme je ne comprenais pas moi-même, les mots que j'entendais « Dieu est vivant, il est amour… »

Je ne veux pas passer pour une illuminée que je ne suis pas. Je ne veux pas ennuyer mon entourage, alors, je me tais et je retourne à Dieu qui ne cesse de m'attirer. Parfois, pour vivre cette relation, il faut la vivre dans le secret. Moi aussi, je n'avais pas d'autres moyens que de garder toutes ces choses dans mon cœur.[1] C'est en cela que l'idée de relation extraconjugale me paraît vraie.

Il est difficile de partager totalement cet amour avec son conjoint. Cependant, à la différence d'une relation extraconjugale classique, celle avec le bon Dieu profite à tout l'entourage. Plus j'aime le Seigneur, plus j'aime mon époux aussi. Il m'est impossible de garder pour moi cet amour reçu de Dieu. Ce sentiment amoureux me dépasse, il est plus grand que ce que mon cœur peut contenir, et cela déborde sur l'entourage, mon mari, mes enfants, mes collègues… J'en suis émerveillée. Saint Bernard nous dit : « il nous est impossible de ne pas goûter combien il est doux. Et bientôt nous commençons à l'aimer plus à cause de la douceur que nous trouvons en lui qu'à cause de notre propre intérêt... Quand nous en sommes là, il n'est

---

1. Bible : Luc 2, 19, « Marie gardait toutes ces choses, et les repassait dans son cœur. ».

pas difficile d'aimer notre prochain comme nous-mêmes... »[1]

Au cours de mes lectures, je découvre que sainte Thérèse d'Avila et saint Jean de la Croix évoquent le « mariage spirituel. » Il se produit entre l'âme et Dieu, parfois, lorsque l'âme est prête et que Dieu vient la rencontrer et la combler de son Amour. Ce mariage, disent-ils, fait naître une soif incroyable, un désir intense pour le « bien-aimé divin. » En lisant Thérèse d'Avila, je comprends mieux la soif de Dieu, l'obsession et l'état de manque que je ressens.

Oh, je n'ai pas vécu ce qu'ont décrit les saints mais la présence amoureuse sensible qui m'habite, est bien celle du bon Dieu. Parce que je l'ai invité, Dieu habite en moi, il occupe tout mon être et c'est le vrai bonheur.

Quand Dieu vient enflammer l'âme en lui offrant ce cadeau et cette grâce, l'on passe de la foi à l'amour et de la foi en l'amour.

1. Saint Bernard, *Traité de l'amour de Dieu*, ch. 8-10.

FEMME DE PEU DE FOI

Déjà trois mois... mais je n'arrive pas à réaliser et comprendre pourquoi Dieu serait venu me rencontrer, moi qui ai déjà la foi et qui ne suis qu'une croyante ordinaire.

Heureuse, je ne doute pas en la puissance de Dieu, oh non ! Je suis paisible mais j'ai besoin de mettre des mots pour réduire la différence qu'il y a entre la certitude de mon cœur qui connaît Dieu et mon intelligence qui est perdue et cherche une explication logique (Pourquoi moi ? Quelles sont les preuves que c'est Dieu ?).

Pardon d'être comme saint Thomas, pardon d'avoir besoin de toucher ton côté pour être certaine, avec ma raison, que c'est toi.

Parfois on se pince pour être sûr de ne pas rêver, moi je fais la liste des grâces reçues et des changements profonds que je n'aurais pas été capable de construire en un claquement de doigt : passer de l'abattement à la joie vive, de l'angoisse à la paix, la nouvelle façon d'aborder l'autre, le goût soudain pour les affaires qui parlent de Dieu, aucun doute, je ne l'ai pas inventé. Ce ne peut être que de Dieu, c'est une évidence.

Benoît m'a pourtant écrit « vous avez vécu pendant ces quelques jours une belle expérience de rencontre avec Dieu... Rien de neuf, rien d'anormal. » Mais Benoît était peut-être trop proche de mon expérience, pris dedans, il risque de n'être pas objectif.

En moi, j'ai cette petite voix qui me dit « je suis le Dieu vivant. » Toutes ces transformations sont la signature de quelqu'un d'autre de plus grand que moi. C'est un fait et pourtant j'ai besoin, encore, d'avoir l'avis d'un expert qui me confirme, si c'est le cas, que Dieu peut se manifester ainsi. C'est décidé, je vais prendre tout mon courage pour aller en parler, mais à qui ?

Je passe en mémoire toutes mes connaissances expertes sur la question de Dieu. Et je me mets à faire mon cahier des charges. Il faut :

– que la personne me connaisse suffisamment pour savoir que j'ai bien les pieds sur terre et que je ne crois pas facilement à l'étrange et au mystérieux.

– qu'elle m'écoute jusqu'au bout sans avoir un a priori sur moi et pour cela il faut que l'on ait déjà partagé sur notre foi et qu'elle connaisse la mienne,

– que je sois à l'aise, que je puisse rentrer dans les détails, que je puisse lui relater cette drôle d'expérience,

– que l'on se connaisse suffisamment, que la confiance soit entre nous déjà établie, qu'elle ait le parler franc pour oser me dire directement, sans ambigüité : « ce que tu as vécu, c'est ton imagination, ta fatigue, un délire, mais ce n'est pas Dieu » ou quelque chose du genre.

Je ne vois qu'une seule personne qui cumule ces caractéristiques. Il y a quatre ans, ce prêtre accompagnait notre Equipe Notre Dame. Il connaît ma « foi de charbonnier » mon incrédulité naturelle pour les choses un peu bizarre, il a le parler direct, sans détour, il osera me dire « tu délires, Véronique ! » Il vit un peu loin, il est très occupé, mais c'est décidé, je vais oser le déranger. Je ferai la route même pour une heure de rencontre. Je dois savoir.

Le seul moyen de le joindre est un message sur facebook. « Bonjour, je sais que tu es très occupé. Cet été, j'ai vécu un évènement dont j'aurais besoin de te parler. Aurais-tu un petit moment pour me recevoir la semaine prochaine ? » Je me sens soulagée, le premier pas est souvent le plus difficile.

Pendant tout le trajet j'ai le cœur qui bat. Comment vais-je lui raconter cette histoire ? Vais-je oser ? Ces questions prennent toute mon énergie. Il faut que je reste prudente sur la route. Je suis dans le même état intérieur qu'un malade qui va consulter un grand spécialiste pour avoir son diagnostic. Ce trajet est interminable.

Me voilà devant sa porte, fébrile, je ne trouve pas la sonnette. L'heure du rendez-vous est passée. Je tourne autour du bâtiment. Suis-je au bon endroit ? Est-ce le bon jour ? Je sors mon téléphone pour lui envoyer un message. Je n'ai pas encore composé le numéro que j'entends : «Véronique, c'est par ici. Désolé, je suis un peu en retard.» Je suis soulagée ! Enfin je vais savoir.

Notre connaissance mutuelle se passe des longues entrées en matière, malgré ces quatre années sans beaucoup de nouvelles. Il est inquiet plus que curieux de connaître la teneur de l'évènement de cet été. Avant que je n'aie eu le temps de quitter mon manteau, il me demande : «qu'est-ce qui t'arrive ?» Voilà je ne peux plus reculer. J'éprouve le même sentiment, lorsqu'au Châtelard, Benoît, m'avait demandé comment c'était passé le temps de prière avec Zachée. Je suis un peu gênée mais heureuse d'être là.

Après l'avoir rassuré sur le caractère heureux de ma visite, je lui en expose l'objet. Sans tourner autour du pot, je commence. «J'ai passé quatre jours de silence au Châtelard cet été et j'ai vécu une drôle d'expérience qui m'a profondément marquée. J'ai besoin d'y voir clair. Je viens te voir car je sais que je peux compter sur ta sincérité et ton expérience pour que tu me dises si c'est mon imagination ou autre chose.» Un peu surpris, il m'écoute attentivement et très rapidement, je comprends que les détails du moment ne l'intéressent pas. «Comment t'es tu sentie après ? Y a-t-il eu des effets, des changements ?» Etonnée et en même tant soulagée de ne pas avoir à lui faire le récit de mes états d'âmes devant le tabernacle et la descente de mon arbre, je lui partage la paix, la présence qui ne me quitte pas, la joie, l' intérêt soudain pour tout ce qui parle de Dieu, mon étourderie. Il me pousse dans mes retranchements : «Y a-t-il autre chose ?»

A chacune de mes découvertes, il hoche la tête avec un sourire qui semble dire «Je vois. C'est bien cela. Ah, ça aussi, je connais !»

Le long temps de silence qu'il laisse avant de prendre la parole, m'oblige à tordre mon linge intérieur pour faire sortir la dernière goute. Comme un médecin l'aurait fait, je le vois examiner tous les symptômes avec beaucoup de minutie. Sans se précipiter, toujours dans ses pensées, il prend la parole et pose son diagnostic :

– Non ce n'est pas un délire : les charismatiques appellent cela l'effusion de l'Esprit, les jeunes diraient que tu as pris la douche.

Oui c'est cela, j'ai pris la douche. Dieu est venu me doucher, me rincer et m'essorer.

Il continue : « certains le reçoivent, d'autres l'espèrent et l'attendent toute leur vie, pourquoi ? Dieu est surprenant. Il est imprévisible. Notre relation avec Dieu change au cours de notre vie. C'est ça qui est bon. Dieu vient, puis il joue à cache-cache. Est-ce à cause de notre péché ? Je ne crois pas. »

J'essaie de lui expliquer avec des mots bien maladroits, l'intensité de cette rencontre, ce besoin de me lever, de témoigner. Ce moteur qui est dans mon être, qui me dépasse, que je n'arrive pas à maîtriser. Il me parle d'être accompagnée pour apprivoiser cette rencontre. Tiens, lui aussi, décidemment !

Il me raccompagne à la porte et d'un air gêné me remercie : « je suis content pour toi, cela m'a rappelé la retraite où j'ai vécu une belle rencontre avec le Seigneur. Merci Véronique. » Je suis surprise de son « Merci ». Une fois encore, je remarque que le témoignage de cette expérience touche le cœur !

Son diagnostic m'a rassurée et m'a confortée dans ma certitude : ce n'est pas mon imagination, c'est Dieu avec sa douche ! Quelle belle image !

Heureuse de son annonce, j'éprouve pourtant une mélancolie d'avoir eu besoin de cette confirmation. Quand on est ébloui par la lumière pure et vive, il faut du temps pour s'y acclimater et parvenir à comprendre.

Si Dieu compte sur moi, la mal croyante, il va avoir du boulot !

COMMENT FAIRE POUR QUE LA LUMIERE NE S'ETEIGNE PAS ?

Débutante dans l'amour de Dieu, j'ai décidé de prendre les moyens pour entretenir cette relation. L'accompagnement dans la vie me semble être le bon moyen.

Ne sachant à qui m'adresser, j'ai fait une demande au diocèse. Comme à chaque nouveau projet, une excitation et en même temps une méfiance me saisissent : comment vais-je être accompagnée ? Quelle influence sur ma liberté ? Je perçois que la confiance n'est pas tout à fait au rendez-vous. J'attends un accompagnateur expérimenté. Je n'envisage cet accompagnement qu'avec un homme d'Eglise, prêtre ou religieux. Comment pourrais-je me livrer avec un de mes homologues laïcs ?

Lors de l'inscription à une activité en ce début d'année scolaire, je croise, par hasard, une connaissance et découvre qu'elle «accompagne dans la vie». Je la questionne : à qui m'adresser, comment est-ce que cela se passe, qui serait disponible ? Elle m'informe qu'un jésuite de quatre vingt ans serait probablement libre. Elle peut lui poser la question si je le souhaite. Son offre m'intéresse et me gêne car une personne du diocèse en charge des répartitions des accompagnements vient de me proposer une laïque qui habite pas très loin de chez moi. Comment refuser cet accompagnement, sous prétexte que c'est une laïque ? Je ne la connais pas, comment porter un jugement d'entrée de jeu ?

Dans mon fort intérieur, j'accorde pourtant, plus de confiance à cet hypothétique jésuite qui doit avoir une meilleure expérience. Inconsciemment, j'ai déjà fait mon choix et je cherche une bonne raison pour dire «non» au diocèse. Je cherche un avis qui conforte ma position, pour le choix du jésuite.

Je me décide d'écrire à Benoît pour lui exposer mon dilemme dans le choix de l'accompagnateur. Bien sûr, je lui demande son avis pour qu'il m'éclaire, mais lui, le jésuite, va certainement me conseiller un frère de sa communauté !

Voici sa réponse :

« *Bonjour Véronique,*

Je ne vais pas avoir d'élément précis pour répondre à votre demande mais je peux faire quelques remarques :

– tout d'abord, l'accompagnement est une oreille offerte par un frère ou une sœur dans la foi, c'est-à-dire quelqu'un qui sait écouter ce qui nous anime à l'intérieur, les lieux où Dieu nous parle. Dans la théorie, on trouve de très bons accompagnateurs chez les prêtres, les religieux (ses) et les laïcs tout comme on trouve de mauvais accompagnateurs chez des prêtres, des religieux (ses) et des laïcs. Sur le papier, je préfère donc une bonne oreille laïque qu'autre chose et n'hésiterais pas de ce côté-là.

– ensuite, il est important de se sentir libre. Ce qui compte dans la relation avec un accompagnateur c'est l'entente et la compréhension pour ce qui est de la vie spirituelle à partager. Il est capital d'essayer et de se sentir libre de mettre fin à l'accompagnement si la personne ne correspond pas. Du coup, mieux vaut commencer et mettre fin que de ne jamais rencontrer personne (pour le dire de manière trop sèche mais brève).

– ce qui se passera avec tel ou tel accompagnateur est impossible à déterminer à l'avance et il faut se donner quelque temps avec lui/elle avant d'en voir les fruits ou l'inutilité.

– enfin, si le diocèse a centralisé les demandes et propose quelqu'un, jouer la carte de la confiance dans l'Église est un bon exercice de remise de soi à d'autres (qui n'enlève aucun jugement critique sur la suite à donner mais j'en ai parlé plus haut).

Vous imaginez bien que mes quelques remarques sont très spontanées et ne font pas une décision. J'espère cependant qu'elles pourront vous éclairer du fait d'une conviction présente derrière mes remarques : essayez ce qui se présente, le Seigneur arrivera à parler, que ce soit à travers des tâtonnements ou des rencontres providentielles. J'espère que vous trouverez rapidement ce qui vous convient.

Bien à vous

Benoît »

Mon stratagème inconscient est démonté ! Me voilà toute retournée : je n'en reviens pas de cette réponse. Elle me touche en plein cœur car cette prise de position est un acte de foi qui va au-delà de sa propre chapelle. Je perçois combien mes réflexions sont étroites et mesquines. Les larmes me viennent, ce sont celles du regret de ma petitesse, de la beauté dans cette foi et en la puissance de Dieu « *le Seigneur arrivera à parler, que ce soit à travers des tâtonnements ou des rencontres providentielles* ». Je suis poussée encore un peu plus loin dans la foi. Je touche du doigt l'abandon à la providence de Dieu et la distance qu'il me reste à parcourir pour faire grandir ma confiance. Il y a encore du chemin à faire !

Avec mes beaux arguments, je suis renversée et je lui réponds :

« Bonjour Benoît,

Ok message reçu 5/5 : Confiance. Je vais prendre contact et « Yallah ! » (comme disait sœur Emmanuelle).

Merci !

Véronique »

Après quelque temps d'hésitation, je me décide aussi à parler de ce projet au prêtre de la paroisse qui vient d'être nommé et que je ne connais pas. Cela m'est difficile d'aller le rencontrer pour une première fois et d'aborder la question de l'accompagnement. Il faut pourtant que j'avance, je dois apprivoiser la rencontre ! Je prends sur moi pour demander une entrevue.

En lui indiquant que je cherche un accompagnement, je remarque une lumière dans son regard. Je vais à ce rendez-vous avec une certaine timidité, comme si j'allais livrer mon âme. Il me reçoit avec chaleur et me cite des lieux religieux du secteur que je connais déjà. Je comprends qu'il faut se sentir à l'aise avec l'accompagnateur et avoir une grande liberté d'interrompre si cela ne convient pas. Il me propose aussi de m'accompagner. Je n'ai pas assez de simplicité pour dévoiler l'intimité de mon âme à une personne, même un prêtre, que je vais ensuite croiser en réunion, dans la rue, au marché... Je ne peux m'expliquer ce sentiment de gêne, identique à celui que j'éprouvais à chaque confession, lorsque j'étais enfant. Au moment de choisir le prêtre, j'allais toujours vers celui que je ne connaissais pas et que je ne croiserai plus.

En partant, il me donne un dernier conseil : « prenez votre temps pour commencer, ne vous pressez pas. » Mais pourquoi prendre mon temps alors que dedans ça brûle ! Pourquoi attendre alors que je sens cette Présence qui m'habite physiquement parfois jusqu'à me gêner dans mon activité quotidienne ? Pourquoi attendre, alors que tout mon être est pris par cet amour ? Il est urgent que j'apprivoise cette Existence. J'ai besoin que ceux qui sont expérimentés me donnent leurs conseils. Comment font-ils pour être dans la vie et en même temps être avec Dieu ? Je n'y arrive toujours pas. Comment font-ils pour s'organiser dans leurs journées, pour descendre jusqu'à Dieu et se laisser aimer, tout en gardant les longs temps de silence, sans voler des moments à leur famille ? Ces temps-là sont devenus si vitaux pour moi ! Le chemin de la soif se creuse !

J'ai décidé de ne pas attendre car je ne me fais pas confiance et peut-être, je ne fais pas vraiment confiance à Dieu non plus. Pardon !

Quatre mois se sont déjà écoulés depuis le Châtelard et je rencontre pour la première fois l'accompagnatrice dans la vie «Janette». Malgré mes réticences du début, j'ai pris le parti de l'abandon. Je n'ai plus de suspicion ni de méfiance. Notre première rencontre, pour faire connaissance, est très chaleureuse et le courant est établi d'emblée. Mère de quatre enfants et travaillant, elle va pouvoir me guider pour gérer en même temps ma relation avec Dieu et ma vie quotidienne. Elle doit savoir faire, elle, la mère de famille!

Maintenant, ces rencontres mensuelles s'égrènent chaleureuses et joyeuses. Ces rendez-vous sont devenus essentiels, ils jalonnent mon chemin. J'y pense durant tout le mois, je les attends avec impatience. Ils sont des points de repères et des stimulants. «Jésus permet parfois à deux âmes de communiquer pour s'exciter à aimer Dieu davantage» disait Thérèse de Lisieux[1].

Tantôt je partage mes découvertes, mon goût de Dieu qui augmente, mes doutes, mon désir de témoigner… Avec beaucoup de pédagogie, de douceur et d'assurance aussi, je suis guidée sur ce nouveau chemin vers plus de patience, vers un approfondissement de ma connaissance de Dieu. Je ne comprends pas tout, mais j'applique les conseils et j'emboîte le pas de mon guide.

1. Thérèse de Lisieux, *Histoire d'une âme.*

On est loin du directeur de conscience, dont je me faisais l'idée. Enfin, je peux partager ce que je vis et le comprendre. En effet, Thérèse d'Avila nous dit «lorsque Dieu accorde à une âme les premières faveurs, elle ne les comprend pas et ne sait comment se conduire, à moins de trouver un maître qui comprenne son état : alors, elle reconnaît la voie où Dieu la met et elle y marche avec assurance.»[1]

1. Thérèse d'Avila, *Vie*, ch. 14.

ET SI JE PERDAIS DIEU ?

J'ai vécu proche de Dieu tous ces derniers mois. Il suffit encore de me recueillir et de dire « mon Dieu » pour avoir cette soif, ce grand désir qui arrive et sentir sa présence qui s'accompagne d'une joie pleine et entière. Il y a aussi cette immense délicatesse qui me vient. Bien sûr les sensations sont moins fortes mais je retrouve cette présence qui est douceur active, brisante, capable de faire éclater le roc qu'est mon cœur. Dès que je pense à Dieu, mon cœur s'emballe. C'est inouïe cette affaire-là !

Je suis pleine de gratitude envers Dieu qui trouve le moyen de me rejoindre avec tout ce que je suis, avec ce qu'il y a de sensible et de vivant. Dieu est vivant, vraiment vivant !

Le bon Dieu me fait des petites blagues en se cachant parfois. Ma prière alors est comme vide, je ne le sens plus, je prends peur mais, fort heureusement, ces temps-là ne durent pas, une journée, quelques jours tout au plus. Et si cela durait ?

Et si ce profond désir, cette soif de Dieu était un feu de paille comme cela arrive au retour de vacances, de grands voyages, de belles rencontres ? La magie dure encore un peu en arrivant, puis quelques semaines plus tard, plus rien, on passe à autre chose. J'ai peur que la lumière ne s'éteigne…

L'hypothèse que je le perde de vue et que cela dure, m'inquiète. Ces absences sont momentanées mais je panique. Le tourbillon de la vie me rattrapera c'est certain ! Je risque à cause de mon inconstance de ne pas arriver à garder du temps pour Dieu. Ma plus grande crainte aujourd'hui est bien de le perdre. « N'aie pas peur, c'est le Seigneur qui le dit. » m'a répondu Janette. Oui, je comprends, dois-je dépenser mon énergie à avoir peur de ce qui risque de m'arriver ? Ce que Dieu a commencé en moi, il le finira si j'en suis d'accord. Serais-je fidèle dans la durée ? Je me sais fragile.

Je pense alors à tous les témoignages que j'ai pu lire, ou qu'on a bien voulu me partager. Tous les grands témoins l'expriment, il y a des périodes de désert qui peuvent durer plusieurs années, comme pour Mère Térésa ! A cette idée, me vient une pensée : j'ai peut-être ma chance sur ce coup-là : les absences, les déserts qui durent, c'est pour les saints, je n'ai donc pas à m'inquiéter ! Je ne suis pas capable de supporter cela ! Le bon Dieu me connaît ! Les déserts ne seront donc pas pour moi.

– Le bon Dieu joue à cache-cache avec nous. Allez lire le Cantique des Cantiques », m'a recommandé l'accompagnatrice, vous allez voir, Dieu se fait désirer, il se cache et il revient. « J'ouvre la porte à celui que j'aime, mais tournant le dos, il avait disparu ! Je sors pour le chercher. Je le cherche, mais je ne le trouve pas. Je l'appelle, mais il ne répond pas. »[1]

Le prêtre ami m'a averti aussi : « il y a les périodes fastes, de joies, de retrouvailles et les périodes de désert. On a l'impression qu'il n'est plus là, il veut nous faire grandir dans la foi pour nous apprendre à l'aimer sans le voir ! »

Un an plus tard…

Voilà… ce que je craignais est maintenant là, en face de moi…

C'est la panne sèche dans un désert à perte de vue et cela dure… Depuis deux mois c'est la disette, le calme plat, le désert. Dieu ne me fait plus signe. Les mots que j'écrivais : « Dieu est vivant en moi, je sens son amour… », je dois les noter au passé : « Dieu me réchauffait le cœur et c'était bon » ! Je me souviens de mon inquiétude de perdre Dieu si je ne le

1. Bible : Cantique des cantiques, ch. 5.

sentais plus, je me souviens de croire que ces moments de déserts ne seraient pas pour moi qui ne suis pas sainte et pas capable de supporter cela !

Soixante jours sans la douceur de mon Dieu, que c'est long ! J'ai même regardé mon agenda pour compter les jours, comme le font les prisonniers sur les murs de leurs cellules. Soixante jours que je résiste, que j'insiste, que j'appelle, mais rien… rien !

Vais-je tenir dans une prière qui est vide où j'ai le sentiment de perdre mon temps ? Je me retrouve pendant quarante-cinq minutes face à un mur et rien de plus, puis le lendemain trente minutes puis péniblement un quart d'heure qui dure trop longtemps…

J'ai perdu la tendresse de Dieu qui apportait une douceur et une légèreté à la vie. Mes journées deviennent âpres. J'ai l'impression d'avancer sur un vélo qui n'a plus de pneu et qui roule sur ses jantes. Je ressens toutes les aspérités du chemin, c'est bien plus pénible, bien plus difficile pour continuer.

Le week-end dernier, aux soixante ans de vie religieuse d'une tante carmélite, une phrase m'a sauté aux oreilles et s'est gravée dans ma mémoire. Elle vient en réponse à ma crainte que le goût de Dieu me quitte. La concomitance entre mes questions et les réponses qui arrivent via des évènements du quotidien, est étonnante. Est-ce un hasard ?

Est-ce Dieu qui prend soin de moi, son enfant, en répondant à mes questions ?

Tante « Zézette » (drôle de surnom pour une religieuse, j'en conviens) témoignait de son expérience spirituelle et de sa relation avec Dieu. « Pour vivre soixante ans en silence, cloîtrée, sans grand confort, sans loisir, avec Dieu seul et heureuse, il suffit de s'offrir et de s'abandonner. Abandonner tout et Dieu fait le reste. » C'est donc cela le secret ? Elle rajouta « Ce que Dieu a donné un jour, il ne le reprend pas, jamais. » Je n'ai qu'à m'abandonner et m'ouvrir à lui pour qu'il vienne me combler et m'embraser. Facile à dire ! Moins facile à faire !

Dieu joue à cache-cache avec moi ? Et bien jouons !

« D'ici peu, vous ne me verrez plus, et encore un peu après, vous me reverrez. »[1] Je suis rassurée le soleil finira bien par revenir, c'est lui qui décide ! Après avoir connu une année de grand soleil, certes avec quelques passages nuageux, je sais que le soleil existe même si le temps est gris avec du brouillard toute la journée. Je ne ressens plus le soleil me réchauffer la peau, mais je sais avec la mémoire de mon cœur, qu'il est juste derrière et continue d'exister. Oh ! Je sais bien qu'il est là même si je ne le sens plus.

1. Bible : Jean 16, 16-20.

Je crois avec mon cœur et plus avec ma seule raison. Là est le changement. Dieu a quitté la douceur de mon être, mais que je connais son amour, j'en ai fait l'expérience. Quand on a pris un coup de soleil et quel coup de soleil, on ne peut l'oublier ! Mon cœur et ma chair en gardent la trace comme s'ils étaient marqués au fer rouge. J'ai aimé Dieu comme j'aime mon époux, mes enfants, mes parents, mes amies.

Je n'ai plus cette chaleur au plus profond de moi, mais j'ai une force, une endurance, un désir de m'abandonner à lui. Par amour, j'entretiens ma relation pour ne pas le louper lorsqu'il reviendra.

Je continue à le retrouver le soir, à relire ma journée avec « merci mon Dieu, pardon... s'il te plaît pour demain... » à communier en semaine, à avoir ma première pensée pour lui le matin. Je continue à prier avec un texte, à rentrer dans la scène, à lire le soir un bon récit de témoins. Mais vivre sans sentir Dieu, ce n'est vraiment pas drôle !

Ce n'est plus une relation à la force du poignet, dans la dureté de ma volonté où je ne comptais que sur moi. Je suis sereine, je suis confiante, je sais que Dieu prend soin de moi si je le laisse faire, c'est lui qui me guide. Je n'ai qu'à rester disponible comme une terre qui attend la pluie. Je sais que si je ne suis pas taillée pour résister longtemps, Dieu va s'en occuper. Si je tombe, c'est lui qui viendra me relever. Je garde la paix, la joie en héritage de ces moments de douceur.

Dans cette longue absence, je pense à lui, comme cela m'arrive de songer à mon époux quand il s'absente et part en déplacement à l'étranger. Je garde vivant l'amour échangé comme une promesse. « Chaque fois que Dieu se fait sentir à l'âme, il y grave ce qu'elle éprouve » nous dit saint Jean de la Croix.[1]

Je ne supporte pas l'absence de mon Père. Parce que je ne le vois pas, je crois qu'il m'a abandonnée. Mes propres enfants, vers dix mois, avaient aussi peur d'être abandonnés dès qu'ils ne me voyaient plus. Je jouais, alors, à leur faire « coucou » derrière une serviette ! Et si ma vie spirituelle avait dix mois d'âge aussi avec Dieu ?

Janette m'a rassurée : « ces périodes de désert sont aussi le signe d'une maturité spirituelle, cela fait partie du chemin avec Dieu ». Aurais-je grandi ? Soit, l'idée de grandir avec Dieu me fait du bien, mais il n'en reste pas moins que sans lui, la vie a moins de goût ! Si Dieu est comme un amoureux, cette « lune de miel » que j'ai eue avec le Seigneur devrait se transformer en un amour plus mature, plus profond.

---

1. Saint Jean de la Croix, *La montée au carmel*, ch. XXIV.

Même si les périodes de désert me font peur, je perçois déjà leur utilité.

Les moments sans le soleil de Dieu, nous laisse notre liberté. Le Seigneur se retire sans faire de bruit dès qu'il nous voit nous éloigner. Il ne veut pas s'imposer. Il doit nous aimer tellement pour ne pas nous retenir au-delà de notre volonté. Il doit nous vouloir à lui, si nous l'avons décidé en conscience. Il ne me retient pas en faisant du sentiment !

Oui, la relation froide par moment avec Dieu, nous laisse la possibilité de le re-choisir vraiment en toute liberté. Dans ces périodes, je prends aussi conscience que j'ai à l'aimer juste parce qu'il est Dieu et non pas parce que je suis attirée par ses douceurs et la tendresse qu'il procure. Dieu m'apprend ainsi un amour désintéressé, notre relation n'en ressort que plus forte. Quel pédagogue, le bon Dieu !

Dieu n'est pas toujours sensible pour ne pas être irrésistible nous partage saint François de sales.

Ces périodes font aussi grandir la foi. Pour tenir, je suis alors obligée de me « mettre sur la pointe des pieds », de me dépasser dans la prière, de trouver d'autres moyens d'être avec lui. C'est comme s'il se laissait voir un peu pour ne pas me décourager, mais pas trop pour que je le cherche plus loin, pour que je le cherche autrement. C'est ainsi que j'ai découvert plusieurs moyens : la phrase à mâcher dans ma journée, les radios chrétiennes pour la voiture avec les chants de louanges, mais la valeur sûre pour moi est un bon livre.

La phrase à mâcher est un moyen très pratique. Je l'utilise dans ma journée quand je suis très occupée. C'est très court, cela dure le temps d'un éclair. Il y a eu la phrase de Daniel, notre guide de voyage au Cameroun : « Moi je suis chrétien, ce que Dieu me donne me suffit », mais celles que je préfère sont « mon Seigneur et mon Dieu ! », « Tu es mon seul Dieu. » Dire ces phrases entre deux activités, c'est mettre Dieu, là, tout de suite. C'est un rayon qui traverse et procure instantanément une douceur au secret du cœur, j'en suis toujours surprise. Parfois, à mon insu, je souris. Il suffit que je pousse intérieurement ce cri pour qu'une joie et un goût à la vie m'arrivent de l'intérieur, comme si Dieu me disait « message reçu, merci ma belle pour ton mot d'amour. »

« Qu'importe l'occupation en laquelle il me veut, dit Elisabeth de la Trinité, il est toujours avec moi. Je le sens si vivant dans mon âme, je n'ai qu'à me recueillir pour le trouver au-dedans de moi, et c'est cela qui fait mon bonheur. »[1]

Je remercie Denis pour sa fidélité dans la prière tous les matins : sa régularité, m'aide

1. Elisabeth de la Trinité, lettre au chanoine Angles,L 139; 15 juillet 1903.

à rester fidèle aussi dans ces moments-là. Il m'arrive de me prosterner sur mon lit pendant que lui est devant son coin de prière à six heures trente du matin. C'est une grande aide pour moi. Je n'ai jamais osé lui avouer. Nous sommes très pudiques sur notre foi, finalement nous partageons assez peu alors que nous nous agenouillons ensemble pour prier. Je pense que lorsque nous échangerons sur notre intimité avec Dieu, nous aurons franchi aussi une autre étape d'intimité entre nous.

L'autre avantage que je vois à cette période de disette, c'est que je me situe moins dans l'émotion, dans le trouble, certes délicieux, mais trouble tout de même. C'est très calme en moi et mon énergie est toute disponible pour l'action. J'ai retrouvé mes esprits. J'ai retrouvé la force de faire, de la mise en œuvre. J'ai relancé « la fraternité jeunes » au lycée avec la campagne d'affichage, la programmation, la recherche des thèmes de rencontre. Avec Denis, nous avons pris l'engagement d'animer le groupe d'aumônerie. J'ai aussi commencé une formation d'initiation à la théologie. Mon être est aussi tout disponible pour organiser le mariage d'un de nos enfants. Quel moment extraordinaire de voir ses enfants heureux !

La bien-aimée du Cantique de la Bible s'écrie : « sur ma couche, pendant la nuit, j'ai cherché Celui que mon cœur aime ; je l'ai cherché et je ne l'ai point trouvé. Je me lèverai et je parcourrai la ville, les rues, les places. Je cherche Celui que mon cœur aime. Les gardes m'ont rencontrée, ceux qui font la ronde dans la ville : «avez-vous vu Celui que mon cœur aime ?". A peine les avais-je dépassés, que j'ai trouvé Celui que mon cœur aime. Je l'ai saisi et je ne le lâcherai pas...»[1]

La vie loin de la douceur de ce Dieu est moins suave. Maintenant, je sais que je l'aime. Je serai là quand il rentrera à la «maison».

«Maintenant ô Seigneur mon Dieu, enseigne à mon cœur où et comment il faut te chercher et comment il te trouvera. Que fera cet être exilé par toi, si loin de toi ? Il s'épuise en cherchant à te voir. Il brûle d'ardeur de te trouver, et il ignore quel lieu tu habites. Et toi, Seigneur, jusqu'à quand m'oublieras tu ? Quand te rendras-tu à mes yeux ? Seigneur, tourne les yeux vers nous, montre toi à nous... j'ai commencé à te chercher ; ne permets pas, je t'en supplie, que je me retire sans être rassasié. Apprends-moi à te chercher...»[2]

1. Bible : Cantique des cantiques, ch. 4.

2. Saint Anselme, *Monologion*, ch. 1.

QUAND DIEU PASSE À L'ACTION

« Je t'ai préparé un chemin, il germe déjà, ne le vois-tu pas ? »[1]

Cette année, j'ai fait le choix de réfléchir à mon avenir professionnel tout en donnant des cours dans un lycée. Après la tempête avec mon employeur, j'avais besoin de faire une pause pour mieux repartir. Mais je l'avoue, je ne sais plus très bien où est ma place : reprendre un poste de direction pour gérer une structure sociale ou témoigner auprès des jeunes en formation tout en gardant du temps disponible pour fortifier ma foi ? « Je décide de passer le concours de l'Education Nationale et je saurai. » Sans le travailler, je me présente à l'écrit. A ma grande surprise, je suis admise à présenter l'oral.

1. Bible : Isaïe 43.

Trois semaines avant l'épreuve finale de l'oral, un poste de direction m'est proposé : le poste dont j'ai longtemps rêvé : belle promotion, travail intéressant, meilleure rémunération, dans une grande fondation chrétienne… le poste idéal. Je dois donner ma réponse et je passe quinze jours terribles à choisir, à discerner où est ma place.

Avant cette drôle de rencontre, l'été d'avant, où beaucoup de choses ont changé, j'aurais choisi, sans aucune hésitation, la place sociale (celle d'un directeur), j'aurais choisi le double de salaire, le poste avec le plus de responsabilité et de pouvoir, la promotion professionnelle… Or, cet été là, tout s'est mis à l'envers «les premiers sont devenus les derniers.» Quand un cœur a senti la présence de Dieu et son amour, comme je l'ai perçu, il lui semble qu'il n'a plus rien à désirer d'autre.

Depuis, j'ai mis ma vie au service de Dieu qui me comble ! J'ai découvert que la vraie raison de vivre, le vrai bonheur n'est pas l'image sociale, ni une réussite professionnelle mais c'est lui : Dieu.

J'ai fait ce discernement professionnel en passant tous mes arguments au tamis de son amour et de sa gloire :

– où serai-je la plus utile, où mes compétences serviront-elles le mieux, où est-ce que je pourrai le mieux témoigner de toi, mon Dieu ? Dans quel poste aurai-je du temps à te consacrer pour te chercher et pour me mettre à ton service ?

Après quinze jours d'intenses réflexions, j'ai finalement renoncé à l'image sociale, au salaire, à la place de direction pour oser croire que ma place serait humblement auprès des jeunes où je venais juste de créer une fraternité.

C'est vendredi, seize heures, je dois donner ma réponse. Je prends mon téléphone mobile, je refuse le poste de direction alors que je n'ai aucune certitude quant à l'issu de l'oral. Je suis en train de sauter dans le vide de la confiance en Dieu. J'ai le vertige…mais, il m'arrive en même temps, de l'intérieur, une joie vive et une paix qui me rassure

Je me prépare sérieusement à la deuxième épreuve du concours car je sais que les places sont chères. C'est un concours national, avec seulement quinze pour cent de réussite dans les meilleures années.

Le jour de l'oral, à la distribution des sujets, une prière monte de mon cœur : « si je réussis, que ce soit non pour ma gloire mais pour la tienne, mon Dieu. » Mais à la lecture des documents, cela commence très mal : je ne connais rien à la spécialité, ni à la discipline. Dans trois heures je devrai présenter au jury une séquence pédagogique ainsi qu'un jeu éducatif que j'aurai imaginé. Panique ! « Mon Dieu, où es-tu ? Me serais-je trompée dans mon discernement et mon choix ? A toi de jouer, je suis à ton service ! »

Déjà deux heures de passées, je n'ai toujours pas réussi à finaliser ce fichu jeu et il reste une heure pour faire le plus gros du travail. Je jette des idées au brouillon, déchire, recommence encore et encore, mon chemisier colle sur ma peau, des gouttes perlent sur mon front et j'entends : « dans cinq minutes, le jury va venir vous chercher pour votre présentation orale. » Voilà, je sais qu'à ce moment-là, que je n'aurai pas le concours.

Je n'ai pas terminé. Je n'ai pas eu le temps de concevoir le déroulé des cours, ni de préparer l'exposé d'une demi-heure. Je n'ai rien à dire, l'oral va être long… Après ces trois heures de panique, je suis, maintenant, étonnamment calme et sereine. Je sais que pour moi les jeux sont faits !

Même si à ce moment-là, je sais que je n'ai aucune chance de réussir, je souhaite tenir au moins le temps de la présentation et aller au bout de ce qui est en mon pouvoir. Que vais-je présenter, que vais-je dire ? J'ai besoin de prendre quelques minutes pour élaborer mes premières idées et ensuite j'improviserai ! Je profite d'un passage aux toilettes de trois minutes, entre la salle de préparation et la salle du jury, pour réfléchir. Me voilà à genoux devant le WC. J'improvise une table en rabattant le couvercle de la lunette et griffonne mon introduction. Imaginez le spectacle, comique, non ?

La présentation commence. Le jury me demande de m'installer sur l'ordinateur, mais je n'ai aucun support : ni transparent, ni power-point, ni document papier pour le jury. Une catastrophe !

J'annonce un plan que je ne respecte pas, et pour cause, je n'ai pas eu le temps de le préparer ! Je ne tiens pas la durée minimale d'exposé : au bout de vingt minutes, j'ai déjà terminé, je suis sèche ! Les questions fusent. Je réponds comme je peux, je tente de faire illusion avec de belles idées, de belles phrases, mais le jury n'est pas dupe :

– Je ne comprends pas ce que les élèves, les étudiants vont apprendre de nouveau dans ce cours, pouvez-vous nous décrire de façon détaillée et concrète les activités de vos élèves, nous avons du mal à voir ? Sur quelles notions précises comptez-vous les évaluer ?

L'homme de droite me demande d'expliquer la pédagogie spécifique pour réaliser des cours en biologie. Je n'en ai jamais fait. Aucun doute, c'est raté ! Au moment où je tente de me lever pour faire une explication au tableau : le jury me lance un

– Rasseyez vous, Madame, vous nous ferez votre explication une autre fois.

Pendant le trajet de retour et les deux jours qui suivent, je suis en colère contre moi-même. Je m'en veux de m'être trompée dans mon choix, de ne pas avoir su discerner et d'avoir refusé ce poste de direction. C'est une évidence, si ma place était auprès des jeunes, j'aurais réussi ce concours ! Je suis déçue de moi-même, mais je continue à faire une entière confiance à mon Dieu. Je suis en paix. « Il m'accompagnera là où je dois aller pour lui. »

Lorsque des collègues m'apprennent que les résultats sont publiés, je suis en voiture. A ce moment-là, j'ai la certitude de deux choses : je sais bien que je n'aurai pas le concours, mais je sais aussi que j'aime Dieu, qu'il m'aime, qu'il prend soin de moi. J'ai mis toute ma confiance en lui, j'ai tout lâché pour lui, je ne serai pas déçue.

Alors que je conduis, je ne sais pourquoi, en un instant, les paroles de Marie dont le frère Lazare est mort depuis trois jours[1] me traversent l'esprit. Comme moi, elle ne comprend pas : pourquoi Jésus a tardé à réagir ? Il aurait pu empêcher l'issue fatale s'il n'avait pas tant attendu ! Pourquoi n'a-t-il rien fait quand il était encore temps ? ... Comme elle, je lui dis « Il est mort mais je sais que maintenant encore Dieu t'accordera ce que tu lui demanderas » et Jésus de lui répondre « Celui qui croit en moi, même s'il meurt, vivra, crois tu cela ? » Je m'entends

1. Bible : Jean 11, 1-57.

dire avec tout mon être « Oui Seigneur bien-sûr que je crois en toi ! » Comme Marie, je sais bien que c'est fini, qu'il est mort. Je sais bien que j'ai raté ce concours, mais je crois en la puissance de Dieu. Si en regardant les résultats, je voyais mon nom apparaître, je saurais que cette réussite viendrait du Seigneur. La réussite serait un signe de sa gloire, le signe de Dieu.

Devant mon ordinateur, je regarde la liste des lauréats, juste pour voir…

Mon nom figure sur la liste nationale des lauréates. Je suis reçue treizième sur les vingt deux ! Sacré bon Dieu !

Evidemment, je suis ravie, mais je n'éprouve même pas de surprise : « je connais ton amour, mon Dieu, tout t'est possible ! » Ma joie est toute dirigée vers toi, quel Père incroyable ! Je m'étonne de mes émotions : je pourrais sauter de joie, être fière de moi, eh bien rien de tout cela. Je n'éprouve aucune satisfaction personnelle. Toute ma reconnaissance est tournée vers Dieu. Oui, j'éprouve de la joie mais c'est celle de me savoir aimée au point que Dieu prenne soin de ma vie. Je ne pourrais pas oublier ce moment-là !

Bien sûr beaucoup ne croiront pas un mot de cette histoire : comment peut-on penser que Dieu puisse transformer l'échec d'un concours en réussite ? Oh, je sais bien que Dieu n'est certainement pas venu changer mes notes, ni changer le contenu d'un oral catastrophique.

Je suis sans voix, sidérée, épatée, abasourdie, époustouflée...Si cet événement est un miracle, c'est au sens étymologique du terme qui signifie être étonnée et stupéfaite (miraculum, radical miror).

Je ne m'explique pas cette réussite. Je ne sais comment cela s'est passé, mais cela c'est produit. L'on pourra certainement trouver une explication soit raisonnable soit due au hasard. Je perçois cette réussite incompréhensible comme un signe au regard de la foi, pas de la science. Est-ce qu'un miracle ne réside finalement pas davantage dans la reconnaissance personnelle et la compréhension intérieure du message de Dieu plus que dans l'événement lui-même ?

Cela fait partie de ces certitudes inébranlables, intimes, qui sont une évidence et un signe uniquement pour celui qui les vit. Cette réussite dans mon fort intérieur est le signe que Dieu agit dans ma vie.

Un autre évènement me fait découvrir aussi que Dieu agit vraiment.

Depuis la rencontre du Châtelard, il y a trois ans, j'ai besoin de passer à l'action. Toute ma découverte sur Dieu, son existence palpable, la force de son amour, il faut que je la partage. Ce moteur à l'intérieur me pousse à agir...

J'ai le sentiment d'être une ingrate. Même si les projets de fraternité jeunes, d'aumônerie et de diffusion de témoignage m'occupent un peu, je ne fais pas grand chose pour Dieu que j'aime. Cette immobilité est devenue une souffrance. Je me sens sur le bord du chemin, stérile, juste capable de gesticuler, de dire « Seigneur, Seigneur. »

« Ceux qui me disent : Seigneur, Seigneur n'entreront pas tous dans le royaume des cieux, mais celui-là seul qui fait la volonté de mon Père qui est dans les cieux »[1]

Mes compétences pour monter des projets en direction des publics en difficultés, rechercher des financements, etc., ne servent pas, c'est du gâchis !

Pourtant, l'accompagnatrice me freine, elle m'apprend la patience : « attends, ne cherche pas à en faire trop, à aller trop vite, ça viendra le moment venu, approfondis ta relation, fortifie-toi... » D'accord, j'applique les conseils mais je trépigne, c'est long... !

Et puis, dans la même semaine, deux sollicitations, deux « appels » comme on dit dans le milieu. Surprenante, cette concomitance des demandes alors que je guettais depuis plus d'un an la moindre sollicitation. Le bon Dieu doit croire que je suis sourde

1. Bible : Matthieu 7-21.

pour m'envoyer deux personnes en moins de trois jours !

Le responsable régional des aumôneries des prisons m'a demandé de rechercher des financements pour emmener des détenus sur le chemin de Compostelle. Quelques jours plus tard, il m'a proposé d'intégrer le groupe prison du diocèse qui monte des projets visant à lutter contre la récidive. Je retourne à mes premières amours : il y a trente ans, j'avais aimé travailler à la prison des Baumettes à Marseille !

Le surlendemain, la deuxième sollicitation est plus surprenante : je suis en copie d'un mail.

« Bonsoir, suite à notre échange d'hier, voici l'adresse e-mail de Véronique Imbert. Vois avec elle pour ton projet de réinsertion.

Fraternellement…

M. »

Puis un autre mail :

« Bonjour Véronique.

Comment devons-nous faire pour nous rencontrer ? Merci de me dire ; voici mon téléphone portable…

J. »

Voilà, rien de plus !

Je vais au rendez-vous avec un inconnu que finalement je connais de vue. Dans un bureau de la maison paroissiale, nous nous installons, assis face à face à une table. Cet homme, largement à la retraite, me dit avoir un désir tenace dans sa prière (tiens, lui aussi) pour mettre en œuvre une action de réinsertion. J'en souris. Il me présente ses idées d'activités de recyclage de matériel informatique et autres. Je lui partage mon utopie : créer une maison d'accueil regroupant une maison de retraite, un foyer de jeunes et des personnes en insertion assurant les différents services de restauration, d'entretien, d'animation, de transport. Les idées ne manquent pas.

Au détour d'une phrase, prenant un temps de silence, je vois l'homme fermer les yeux. Je n'ose dire un mot. Que fait-il ? Prie-t-il ? Puis prenant la parole, en me regardant bien en face, il se lance dans une confidence : «Véronique, cela va vous paraître curieux, mais je sens que nous devons faire quelque chose ensemble ; j'ai toujours pensé aux maisons de retraite… Comment procédons-nous ? »

Sur le ton de la plaisanterie, je raconte ces deux sollicitations à Janette lors d'un accompagnement. Je vois ses yeux s'embrumer et avec une voix pleine d'émotion me dire « c'est incroyable comment Dieu s'occupe de nous quand on laisse tout pour lui. Tu as laissé le social, cela t'a coûté. Tu as choisi l'enseignement pour être une présence auprès des jeunes et témoigner de Dieu et voilà qu'il vient te chercher pour faire du social. Si ça n'est pas un appel… ! »

Voilà comment il fait le bon Dieu!

«Il n'y a rien de plus conforme à l'Évangile que d'amasser, d'un côté, des lumières et des forces pour son âme dans l'oraison, dans la lecture et dans la solitude, et d'aller ensuite faire part aux hommes de cette nourriture spirituelle.. Voilà comment nous devons faire, voilà comment nous devons témoigner à Dieu par nos œuvres que nous l'aimons. Toute notre tâche consiste à passer aux actes.»[1]

1. Saint Vincent de Paul, *Entretiens spirituels aux Missionnaires*, fragment 171, Seuil, Paris, 1960 p. 908.

ET APRÈS ?

Trois ans après, que reste-il de cette expérience de Dieu ?

Lorsque je pense à cette rencontre en silence en cette fin d'été au Châtelard, j'ai la certitude que ce n'était ni un rêve ni le fruit de mon imagination Toutes ces transformations sont le signe de l'œuvre de Dieu.

Je le sais par ce que cela a produit, par l'expérience des autres croyants qui ressemble à la mienne mais aussi par les récits des saints et la lecture de la Bible qui me traduisent, m'expliquent cet évènement et me confirment que c'est bien une manifestation du bon Dieu.

La graine devient un arbre

Ce qu'il reste de cette retraite et de cette rencontre radicale ne cesse de grandir et de croître. Bien qu'inouï, pour ne pas dire folie, cet événement fondateur de la « douche », est finalement un épiphénomène au regard des changements qui se sont opérés en moi. C'est l'histoire de la graine de moutarde[1] «Le royaume des cieux ressemble à une graine de moutarde.... C'est la plus petite de toutes les semences, mais quand elle a poussé, elle est plus grande que les légumes et devient un arbre, de sorte que les oiseaux viennent habiter dans ses branches.»

L'événement en soi pourrait être insignifiant : lire un texte, se voir descendre d'un arbre et ressentir une émotion. L'histoire pourrait s'arrêter là. Comme la pierre jetée dans l'eau fait des cercles jusqu'à modifier l'ensemble de la surface, cette rencontre a un impact sur l'ensemble de mon existence. Aujourd'hui, ma vie entière repose dans l'arbre du Seigneur et habite sur ses branches. J'oriente mes choix en fonction de la volonté de Dieu que je recherche. Tous mes points de repères ont changé. Cette toute petite graine dépasse tout.

«De même que la pluie tombe ou la neige du ciel n'y remonte pas sans avoir abreuvé la terre, sans l'avoir fécondée... de même la parole jaillie de ma bouche ne revient pas vide sans avoir produit ce qui me plaît, sans avoir rempli sa mission.»[2]

1. Bible : Matthieu 13, 31-35.

2. Bible : Isaïe 55, 10.

Une nouveauté qui ne passe pas

Cette « abondance », cette « existence » est toujours là, elle ne s'est pas éteinte. La présence de Dieu en moi s'est enracinée. Cette Présence très douce et tenace a laissé une trace indélébile sur mon cœur. Dès que mon esprit n'est pas occupé aux choses de la vie courante, je pense à lui, ou plus exactement je reste avec lui. C'est étonnant cette présence en soi ; « vivre à deux tout seul » ! Ça brûle moins mais je ne m'y suis toujours pas habituée.

Avec cette « douche », je n'ai rien de comparable dans mon histoire, comme événement éphémère passé, qui soit toujours aussi vivant trois ans après et provoque en moi encore l'étonnement, la surprise et l'admiration. D'ordinaire, même la nouveauté la plus formidable, si elle n'est pas entretenue, finit avec le temps par s'estomper, perdre de l'intérêt et à s'oublier. Ce qu'elle a d'original, cette expérience, c'est un paradoxe de temporalité : elle appartient bien au passé, elle est bien terminée, pourtant, elle n'est pas finie ; elle est encore vivante, elle fait aussi partie du présent. Passé et présent ne font qu'un. C'est sans doute une façon de comprendre, un peu, la notion d'éternité et ces versets qui m'étaient énigmatiques « Je suis celui qui suis »[1] ou encore : « je suis …celui qui est, qui était, et qui sera » [2]

Plus on s'approche de la lumière plus les taches apparaissent

Depuis longtemps, un de mes sports préférés était la « resquille » comme on dit chez moi. Je suis fière lorsque je réussis à obtenir une réduction à laquelle je n'ai pas droit, à me faufiler pour gagner une place, à gagner un trajet de bus puisqu'il n'y a pas de contrôle. Toutes ces petites affaires réussies non seulement ne m'inquiètent pas mais me disent que je suis débrouillarde et me procurent plaisir et fierté.

L'autre jour, j'ai pris le train et, comme d'habitude, j'ai acheté mon billet. Comme d'habitude je ne l'ai pas composté ; il me servira aussi pour le retour. « Je suis bien aimable d'acheter un billet qui me sert une fois sur deux. Je ferais mieux de ne pas en acheter puisqu'il n'y a jamais de contrôleur sur cette ligne. » Je monte dans le train. Comme d'habitude, le trajet se passe sans encombre, pas la moindre vérification de billet. Tout va pour le mieux. Mais au lieu de me sentir fière comme je le suis d'ordinaire après ces « petites réussites », j'ai une sensation

1. Bible : Exode 3, 14.

2. Bible : Apocalypse 1, 8.

dans ma poitrine qui me gêne et qui attire mon attention.

Nous arrivons, je descends du train et plus j'approche de la sortie, plus je me sens malhonnête. Incompréhensible... Qu'est-ce qu'il m'arrive ? Ce qui était un exploit se transforme en remord et me paraît une faute : « ce n'est terrible de frauder. » J'ai beau me raisonner : « la SNCF n'a qu'à faire son travail, c'est de sa responsabilité... » Rien n'y fait, le malaise ne fait qu'amplifier, je ne peux m'en défaire. Il m'est impossible de quitter la gare avec le billet dans mon sac. En sortant, je le jette à la poubelle, quel soulagement ! Je ne me reconnais pas. Même pour des choses aussi insignifiantes, ma vie se redresse.

« C'est le Seigneur qui donne la sagesse : il est un bouclier gardien des sentiers du droit... Tu comprendras la justice, le jugement, la droiture, seuls sentiers qui mènent au bonheur. »[1]

C'est comme la lessive, me dit Janette : les taches ne paraissaient pas dans l'ombre mais on ne voit qu'elles lorsqu'on se rapproche de la Lumière.

Deux rencontres pour le prix d'une

Entendre parler du mal, du tentateur, du démon, du diable me faisait doucement

1. Bible : Livre des Proverbes 2, 1.

sourire, « c'est d'un autre temps ». Croire que le diable existe n'a jamais fait partie de ma manière de penser et d'envisager la vie. J'ai vécu ainsi ces cinquante années bien tranquille sans que l'Autre, ce tentateur ne m'inquiète. Mais le malin sème l'ivraie au milieu du bon blé nous dit Jésus.[1]

Cette fin d'été 2013, j'ai gagné les deux en un. Je pensais avoir rencontré Dieu, mais j'ai aussi rencontré l'Autre. Ignace de Loyola écrit : « si le déroulement de nos pensées nous amène finalement à quelque chose de mauvais ou de moins bon que ce que l'âme projetait d'abord, qui inquiète ou qui trouble l'âme en lui enlevant la paix, la tranquillité et le repos qu'elle avait auparavant, c'est un signe clair que cela vient du mauvais esprit, c'est le propre de l'Ange mauvais. »[2]

Ces combats intérieurs contre les découragements, les peurs qui paralysent, la tentation de remettre à demain sont fréquents ou plus exactement, je les remarque davantage. L'Autre est bien actif, mais je commence à le repérer de loin et à savoir y faire pour le renvoyer dans sa niche.

Plus Dieu est présent et plus on perçoit cet Autre qui oblige à batailler pour arriver à tenir ce qui est source de bonheur et plaît au

1. Bible : Matthieu 13, 36.

2. Ignace de Loyola, *Exercices spirituels*, trad 1960, p. 174.

Seigneur. Mais assez parlé de l'Autre, on ne va tout de même pas lui faire la réclame !

La pépie s'est installée

La soif qui était si nouvelle, si soudaine, est encore là. Elle est toujours tenace, elle aussi ! J'ai cherché à l'étancher comme j'ai pu à travers l'accompagnement, les lectures et la formation.

J'ai aussi fait du compagnonnage avec ceux qui m'ont précédée dans la foi. Je continue à me nourrir des écrits des deux Thérèse et de saint Jean de la Croix. Tout comme le jeune homme, assis sur son coussin dans l'oratoire du Châtelard avait créé en moi le désir de l'imiter, ces grands témoins me prennent par la main. Ce qu'ils décrivent est si beau, si doux, si exigeant et dynamique aussi que forcément mon envie de vivre la même chose est aiguisée.

J'étudie maintenant la théologie. Je découvre la christologie, l'histoire de l'Eglise, l'éthique, l'étude des dogmes, l'exégèse… Le problème de cette formation est que chaque séance, au lieu de calmer ma soif, l'augmente. J'apprends à mieux comprendre Dieu, à m'en rapprocher, à l'apprivoiser. Imaginez une journée à parler d'un ami que l'on connaît un peu, évidemment on se met à l'aimer de plus en plus !

Voilà que la pépie s'est installée... J'ai le désir de commencer une licence...

Même plus peur....

Je n'ai plus peur de le perdre, Dieu. Je sais qu'il ne va pas me lâcher. C'est à moi d'entretenir la relation. Comme saint Augustin je peux dire « ô toi, donne-moi la force de te chercher, toi qui m'as fait te trouver et qui m'as donné l'espoir de te trouver de plus en plus »[1]. L'image qui compare la relation à Dieu à une porte avec un ressort qui se referme toute seule si on n'agit pas, est très juste. Parfois, le bon Dieu est moins sensible et même carrément froid, mais je suis paisible et continue à le choisir dans ma journée.

J'aime toujours prendre ces temps d'intimité avec lui, sans rien faire, sans rien dire, et le retrouver en moi. La messe à laquelle je participais « parce qu'il fallait » est devenue une nourriture, j'en ai besoin. La confession est devenue un acte d'amour intime.

L'audace est toujours là, j'ai gagné en liberté intérieure. « Lorsque les cœurs se convertissent au Seigneur... là où est l'Esprit, là est la liberté. »[2]

---

1. Saint Augustin, *La trinité*, XV, 28, 51.
2. Bible : 2 Corinthiens 3-17.

Plus tendre

Mon mari, mes enfants le disent : depuis trois ans, je ris davantage, je suis sereine, plus détendue, plus tendre. J'ai pris la bonne direction pour arriver à vivre en harmonie avec moi et les autres ! Dieu nous veut heureux !

Cette année, pour la titularisation de mon poste d'enseignante, j'ai accueilli quelques observateurs durant mes cours : mon chef d'établissement, une inspectrice, une tutrice, une formatrice. J'ai été surprise par les remarques similaires de ces visiteurs : ils m'ont dit avoir observé des relations qui font du bien aux élèves, de la bienveillance, un dialogue qui pousse le jeune à produire le meilleur de lui-même, des échanges et des corrections qui le valorisent, une qualité d'écoute qui le gratifie. Dieu continue de me transformer. Mes relations sont en train de changer, ma posture évolue.

Je pense aussi aux mails agressifs de cette collègue auxquels je n'ai pas pu répondre sur le même ton comme je l'aurais fait auparavant. Toute une matinée, j'ai écrit et réécrit ma réponse jusqu' à ce quelle soit en vérité et le plus en douceur possible.

Cette métamorphose amorcée, se poursuit. Je recherche l'alliance, la mise en valeur, la pépite qu'il y a chez l'autre. Saint Paul dit « désormais nous ne regardons plus personne d'une manière simplement humaine, si nous avons connu le Christ…[1] » Oh, on ne change pas de tempérament en un claquement de doigt et il me reste du chemin à parcourir. En ayant mis Dieu dans ma vie, parfois je parviens à la douceur.

Faisons notre, la devise de St François de Sale « Rien par force, tout par Amour »[2]

La logistique toujours la logistique…

Tout n'est pas réglé, la relation avec Dieu est un chemin mouvant. J'ai toujours un problème de logistique ; je n'arrive pas à tout faire : être en intimité avec Dieu et de plain-pied dans la vie. C'est l'un ou l'autre. Lorsque la vie quotidienne devient trop trépidante, je perds vite le fil de la relation. J'ai appris à ralentir mon rythme à faire des choix dans ma journée. Le nouveau patron de ma vie va bien finir par m'apprendre la « logistique », il m'a déjà tellement appris… !

Plus de goût et plus fade aussi

Dieu m'a donné une augmentation du goût de la vie. Tout a plus de saveur et d'intensité. Mais je me sens aussi tellement attirée par autre chose de plus grand que j'ai acquis un

1. Bible : 2 Corinthiens 5,14-17.

2. Saint François de Sale, lettre à Jeanne de Chantal du 14 octobre 1604.

certain détachement vis-à-vis des événements et des tâches courantes. Certaines activités auxquelles je prenais plaisir deviennent plus fades et perdent de leur intérêt.

Dernièrement, j'ai remarqué ce changement avec notre dernier voyage. Passionnée des grands périples, quel plaisir j'avais à les préparer pendant des jours, des mois : lire pour comprendre le pays, rechercher les bons plans, établir le circuit. Mais quelle lassitude aujourd'hui ! J'ai dû faire appel à toute ma volonté pour boucler les préparatifs. J'ai traîné les pieds, j'ai repoussé à demain, à la semaine prochaine et finalement c'est mon époux qui s'occupe des visas, des réservations. J'ai presque le sentiment de perdre mon temps, mon désir est ailleurs ! Thérèse d'Avila de dire : « pour celui qui possède Dieu… Dieu seul suffit. »

Ce qui me procurait du plaisir a perdu parfois de l'intérêt : faire ou acheter la dernière nouveauté. « L'âme perd le goût de toutes les choses d'ici-bas ; elle n'est plus éblouie par les attraits de la vie passée. »[1]

Mon centre d'intérêt s'est transformé. Nous échangions avec mon mari sur nos passions et leurs évolutions depuis notre mariage : « Ta passion c'était ton travail et maintenant c'est Dieu. » m'a-t-il lancé. Est-ce

1. Saint Jean de la Croix, *Nuit obscure de l'âme*,, livre III, ch. 19.

donc si visible ce changement ? Et lui de continuer : « je ne t'ai jamais vue lire autant et toujours sur le même sujet. Tes lectures parlent toutes de Dieu. Et avec une pointe de reproche, il ajoute : Tu as vu l'état de ta table de nuit, tous ces livres qui s'empilent ? » Tout est dit...

L'expérience du silence est bien terminée mais les fruits demeurent. Ces transformations que je viens de décrire nous disent comment Dieu agit.

Trois ans après, je peux dire : je sais, Dieu est Amour.

L'expérience de cette rencontre ne prouvera certainement pas, pour toi lecteur, l'existence de Dieu. La preuve et la démonstration passent par l'intelligence. Or, c'est avec le cœur que je sais. Saint Anselme écrit : « je n'essaie pas, Seigneur, de pénétrer ta profondeur avec mon intelligence. Ta vérité, je la connais avec mon cœur. Je ne cherche point à comprendre pour croire mais parce que je crois, je parviens à comprendre. »[1].

Toutes ces périodes d'interrogations et de doutes, dont j'ai parlé, et qui m'ont taraudée pendant plusieurs mois provenaient de cet écart de connaissance entre le cœur et la raison. Mon Dieu, tu es venu me rencontrer au fond de mon être et tu l'as inondé de

1. Saint Anselme de Cantorbéry, *Monologion.*

ton amour. Aucun doute, mon cœur t'a rencontré et il te connaît. Ma tête, elle, a résisté, elle ne comprenait pas : C'est quoi ? C'est qui ? Où est la logique ? Quel est le phénomène, l'explication de cette douche ? Cette compréhension s'est faite à travers la seule personne que je pénètre de l'intérieur : moi-même.

Dieu ne s'explique pas, il n'y a pas de logique. Les amoureux ne peuvent s'expliquer pourquoi ils s'aiment. La seule chose qu'ils peuvent dire c'est « je le connais et je l'aime ». Avec Dieu, il en est de même : il se donne. C'est cadeau, on l'aime c'est tout (la totalité de ce qui existe) ! Ensuite, on a le choix de le reconnaître et de poursuivre cette relation ou pas. Benoît a raison « Ça c'est notre liberté d'Homme ! ».

Dieu est au-delà de tout, il dépasse notre « petite » intelligence. L'intelligence n'est sans doute pas le bon outil pour connaître Dieu : elle est limitée et seulement adaptée pour comprendre la vie terrestre. « La dernière démarche de la raison, nous dit Pascal, est de reconnaître qu'il y a une infinité de choses qui la surpassent que si les choses naturelles la surpassent, que dira-t-on des surnaturelles ? »[1]. L'amour de Dieu marque le

1. Pascal, *Pensées* (1670), article IVN N° 267.

cœur, pas la raison : «Voilà ce que c'est que la foi : Dieu sensible au cœur, non à la raison.»[1]

Je sais : Dieu existe, il est vivant, il aime vraiment... Je le savais mais je ne le connaissais pas.

1. Pascal, *Pensées* (1670), article IVN° 278.

QUE DOIS-JE FAIRE DE CET ÉCRIT ?

J'ai reçu un trésor que je ne peux pas garder pour moi. Ce cadeau que Dieu m'a fait ne m'appartient pas. Il est à partager avec mes frères et sœurs qui croient que l'amour de Dieu est une façon de dire les choses et qui ne savent pas encore que Dieu c'est quelqu'un qu'on rencontre. Je souhaite que cette expérience avec ce Dieu vivant donne le désir de cette rencontre, démystifie et rende visible ce qui se partage pourtant discrètement dans certains lieux de l'Eglise où le chrétien ordinaire ne s'y trouve pas.

Pourquoi cacher ce qui rend heureux, ce qui est une bonne nouvelle ? « Personne n'allume une lampe pour la mettre dans un lieu caché ou sous le boisseau, mais on la met sur le chandelier, afin que ceux qui entrent voient la lumière. »[1] La mission de l'Eglise n'est-elle pas de dire que Dieu est amour, un vrai amour ? Alors pourquoi le dire dans une langue que l'on ne comprend pas, une langue pour les initiés ? Pourquoi le dire à demi-mots au lieu d'avoir un discours clair et audible pour tous ?

Depuis des mois, des questions tournent en boucle dans ma tête. « Témoigner auprès des chrétiens », en serais-je capable ? « Comment cet écrit serait perçu par mes amis, ma famille ? Mon intimité avec Dieu va être mise sur la place publique ! » Pour essayer d'y voir plus clair, j'ai essayé plusieurs méthodes :

– J'ai commencé par mettre cette idée à l'épreuve du temps : je laisse faire les jours qui passent. Si ce projet reste dans ma tête au fil des mois, si l'idée ne s'évapore pas comme elle est venue, je devrai alors prendre ce projet au sérieux.

Maintenant, trois ans ont passé et cette idée qui n'était qu'une faible lueur ne s'est pas éteinte mais s'est transformée en phare vers lequel je me dirige. Après avoir reçu le ciel sur la tête, il y a eu le temps où j'ai gardé toutes ces choses dans mon cœur, puis est venu celui de l'éclairage, de la compréhension. Ce temps de maturation me permet à présent de pouvoir y mettre les mots.

---

1. Bible : Luc 11, 33.

Depuis plusieurs mois, chaque temps de prière est habité à un moment ou à un autre par cette idée : on reconnaît un arbre à ses fruits et moi quels sont mes fruits? Dans la parabole des talents, je sens ce remord de ne pas faire fructifier mes talents, dans le texte du semeur, je me demande comment faire pour que les graines tombent dans la bonne terre : je dois témoigner de Dieu que j'ai rencontré. Ce n'est pas mon habitude de faire des conférences, des discours. Jamais je n'oserai.

Au fil des mois, l'idée de faire cet écrit s'impose. Ma tâche est de dire, est de témoigner l'amour de Dieu. La diffusion, l'impact de cet écrit, c'est le travail de Dieu. Si personne n'en veut, il aura au moins toute son utilité pour mes enfants et moi. Avec cet écrit, je n'oublierai pas que Dieu est vivant et je finirai «le catéchisme» auprès de mes grands jeunes en leur offrant ce témoignage.

J'ai essayé, ensuite, de lancer des défis à Dieu, je n'en suis pas très fière ! « Si j'arrive à faire cela, c'est que je dois écrire ce témoignage.» Il m'arrive de prier avec la Bible : je remets cette question à la prière en ouvrant la Bible au hasard et je lis «faites des disciples et je serai avec vous jusqu'à la fin des jours.»

Dieu va bien finir par me parler à travers les autres : je vais à la messe et j'entends : «être un témoin est un devoir.» Cette parole est-elle pour moi ?

Lors de l'accompagnement, je n'ose pas évoquer l'idée d'écrire ce témoignage. N'est-ce pas un peu prétentieux ? Finalement au bout d'un an de rencontre, l'accompagnatrice me dit «tu écris beaucoup et tu as cette facilité, c'est bien, tu as cette chance.» Cette amorce me donne le courage de me lancer :

– Effectivement, depuis l'an dernier, je me pose la question, d'écrire cette rencontre, pour moi, pour ne rien perdre. Depuis le début, j'écris sur des papiers dans tous les sens. Penses-tu que ce soit intéressant que je mette mes notes au propre. Si j'avais lu des témoignages, cela m'aurait aussi formidablement aidé à comprendre ce qui se passait en moi, cela m'aurait aidé à le reconnaître, à avoir moins peur !

– Oui, me dit-elle, je t'encourage à écrire, tu ne sais pas ce que cela deviendra, mais écris. Le message est très clair ! Elle continue : «regarde Sainte Thérèse, elle a écrit des années sans savoir ce que ça allait devenir et heureusement qu'elle a écrit !» Je suis confuse, gênée de cette comparaison : je ne suis pas une sainte moi ! Denis aussi m'encourage à écrire. Il y a également cette ancienne collègue de travail, non croyante, à qui je racontais mes quatre jours de silence. Touchée par mon témoignage, elle a lancé «pourquoi tu ne fais pas un livre de cela ! » Message reçu. Je vais remettre mes notes au propre !

Eh bien, c'est entendu, je prends la résolution d'écrire une heure chaque jour de vacances d'été ou de week-end. Je sens qu'il faut que je le fasse. Deux mois après cette résolution, alors que je suis en congés et seule à la maison, je n'ai toujours pas écrit un mot. Lorsque je suis en de bonnes dispositions, je suis tentée de faire autre chose qui va me sembler prioritaire, en toute bonne conscience. Je suis alors tentée d'aller rendre visite à une amie fatiguée, préparer mes cours, boire un café, envoyer un SMS, rentrer le linge, aller chercher le courrier, inviter les amis pour le week-end, réserver les billets pour les congés, aller courir, arroser les tomates qui se dessèchent, faire les courses, traiter le courrier urgent, me baigner, passer ce coup de fil qui attend depuis une semaine…

Pourtant, quand je pense à ces écrits que je ne fais pas, une tristesse me vient dans le cœur et j'ai le sentiment de ne pas te mettre, toi, mon Dieu, que j'aime, à la bonne place dans ma journée. Pour me motiver, j'ai décidé ce matin de faire un emploi du temps de ma journée, heure par heure. De dix heures à onze heures, je vais écrire. Mais voilà, il est déjà onze heures quinze... Cette fois, j'ai un peu plus de courage que les jours passés, tant pis pour le retard ! Le bon Dieu me pardonnera…

Ce temps d'écriture va être une première et je le prends comme un test avec le Seigneur. « Seigneur, permets que je témoigne et que tu parles à travers moi. » Si après une heure d'écriture, j'ai page blanche, si je n'ai pas éprouvé un brin de plaisir et de joie, j'en conclurai que je ne devrais pas continuer. Si je dois écrire pour toi mon Dieu, tu me donneras bien le goût nécessaire pour que je commence et que je continue, ou bien ce projet ne sera pas de toi. « Avec une nature telle que la nôtre, il nous est impossible, selon moi, d'avoir le courage des grandes choses, si nous ne sentons en nous l'assurance de la faveur divine » écrit Thérèse d'Avila[1]. Si ce projet n'est pas de Dieu, il s'arrêtera vite. Voilà, c'est dit, nous verrons bien.

Les pages commencent à se remplir. J'ai du mal à être régulière dans cette remise à l'écriture. Il m'est très difficile de prendre du temps pour écrire. Je continue à m'interroger : « dois-je faire ce texte ? »

Heureuse d'avoir pu écrire les premières pages, je les ai faites lire à quelques personnes de mon entourage. Parmi tous les beaux encouragements et autres remarques, je n'ai retenu que : « on ne voit pas assez Dieu », « tu écris comme tu parles », « il faut que tu purifies ton texte. »

1. Thérèse d'Avila, *Vie*, ch. 10.

Le doute, la tristesse se sont installés en moi et je ne cesse de penser que si le texte n'est pas bon, ce n'est pas une bonne idée de continuer. Il y aura de la moquerie et je risquerai de faire un contre-témoignage. Je ne suis pas digne de témoigner de Dieu... Prise d'un découragement, je décidai de tout arrêter et j'ai tout rangé.

Quelques jours plus tard, les premières leçons de Benoît au Châtelard m'ont fait sortir de cette spirale négative : « La paix, la joie sont de Dieu mais la tristesse, le découragement, la peur n'amènent pas vers la vie. Il faut choisir le chemin avec ou sans Dieu... » Ces pensées se sont mêlées aussi à une autre intuition : « en me sentant incapable de témoigner de Dieu. L'Autre, ce tentateur, doit se réjouir et si j'arrête il aura gagné. Jésus avait bien recruté une équipe de bras cassés pour le suivre au plus près, alors pourquoi pas moi ? L'important n'est-il pas de l'aimer ? Mon Dieu, je vais reprendre ce texte pour toi afin qu'il devienne non pas mon récit, mais le tien.

Ce projet de récit devient de plus en plus présent... Mon audace nouvelle me permet d'envisager ce projet de diffusion avec assurance et sérénité. Il me faut du courage pour raconter cette expérience de Dieu et me dévoiler si intimement. Il y a le risque d'être ridicule, de n'être plus regardée comme avant... Ordinairement, je n'ai pas la trempe, ni le courage pour sortir du lot et porter un étendard. Pourtant je décide de faire confiance à Dieu et de me mettre à son service.

Plus le temps passe plus je me sens forte pour le soumettre à mon accompagnatrice, à l'Eglise, à mes proches.

J'envoie cet écrit à Benoît afin d'avoir son avis sur la suite à donner à ce témoignage. A l'occasion d'un déplacement dans le Nord pour une fête familiale, je le rencontre dans sa communauté. Ces retrouvailles improbables se font dans une joie partagée mais discrète. A son habitude, il ne perd pas de temps en bavardages et entre en quelques phrases dans le cœur de mon texte. Je reconnais bien sa façon de faire qui va droit à l'essentiel.

Je sais que je peux compter sur son avis clair et profond. La question de savoir si cet écrit est suffisamment bon pour témoigner, s'il doit être diffusé ou pas, ne se pose pas ainsi, me dit-il : je dois témoigner, nous devons témoigner ! Nous terminons cette heure d'échange par un doux temps de prière dans un oratoire. C'est le week-end de Pentecôte. Il allume le cierge sur l'autel en disant « Cette flamme est une petite Pentecôte pour nous. » Je comprends cela comme un envoi en mission : En avant !

Pour ne pas prendre le risque de faire un contre-témoignage, je m'étais dit que je demanderais à l'Eglise si elle en voulait de ce récit et que je m'en tiendrais à son avis. Mais je ne m'attendais pas à cette réponse là… ! Lors d'un rassemblement, j'ose remettre ce témoignage à Monseigneur Guy de Kerimel, l'évêque du diocèse. Un peu surpris de ma démarche, il m'avait indiqué que sa réponse me parviendrait dans deux mois. Dix jours plus tard, je reçois un courriel :

«Véronique,

Merci pour votre témoignage !

C'est très beau, vrai, simple et direct

Je vous encourage à le faire publier. Il fera du bien, pour la gloire de Dieu.»

✝ *Guy de Kerimel*

Je repense à une parole de Benoît «jouer la carte de la confiance est un bon exercice de remise de soi à d'autres.» En avant !

C'est décidé, je vais écrire pour témoigner et partager cette découverte, cette bonne nouvelle. Dieu n'est pas une idée, une valeur ou une institution mais l'Etre amoureux par excellence. S'abandonner à lui, le recevoir, là, au creux de soi, c'est vivre avec un amour, un vrai amour qui donne un goût incroyable à la vie. En avant !

ET SI VOUS L'INVITIEZ ?

Désirez rencontrer Dieu et vous le rencontrerez.

Il n'attend que cela. Vous le rencontrerez à votre façon, chaque rencontre est unique.

L'erreur serait de rechercher l'extraordinaire expérience de « la douche » comme si on recherchait l'inattendu coup de foudre en pensant que c'est le seul moyen de commencer un amour. Cet événement bien que radical et fondateur n'est pas un but en soi. L'objectif premier doit rester de rencontrer Dieu pour l'aimer.

Faut-il avoir pris la douche de Dieu pour comprendre que Dieu nous aime ? Non, je ne crois pas. La « douche » n'est certainement pas le seul moyen de cette rencontre, tout comme le coup de foudre n'est pas le seul moyen pour que naisse un amour. Les chemins qui mènent à Dieu sont nombreux.

Une histoire d'amour peut aussi commencer comme on s'endort, doucement, sans s'en apercevoir. On se côtoie, on se découvre tranquillement et un matin, on réalise qu'on l'aime et qu'on ne peut plus vivre sans lui. Un jour on reçoit un cadeau extraordinaire…

Ce qui est premier dans cette relation avec Dieu, ce n'est pas comment cela a commencé, mais les changements qui s'opèrent en soi. Dieu rend terriblement heureux, cette relation est à la portée de chacun, de tous ceux qui le cherchent sincèrement. Cherchez et vous trouverez, frapper et on vous ouvrira nous dit jésus. Cependant n'oublions pas que c'est Dieu qui vient à notre rencontre. Nous ne pouvons rien sans lui. C'est lui qui se donne, c'est donné !

La particularité de Dieu, est qu'il ne parle pas fort du tout ! La meilleure fréquence radio pour le capter, c'est le silence : celui dans la nature, dans son salon, ou un silence organisé comme dans un lieu spirituel, à chacun de trouver son silence qui permet de se mettre à l'écoute de son murmure et de son amour…

Donc, je ne vous souhaite pas une bonne « douche » mais une belle rencontre, la vôtre !

Pour tous ceux qui voudraient lui lancer une invitation, Mère Térésa, a écrit un texte en faisant parler Dieu. Le miracle de ce texte, c'est que les mots écrits sur cette page sont actions véritables et pas seulement encre sur du papier. Je peux en témoigner.

«Je me tiens à la porte de ton cœur, jour et nuit. Même quand tu ne m'écoutes pas, même quand tu doutes que ce puisse être moi. J'attends le moindre petit signe de réponse de ta part, le plus léger murmure d'invitation, qui me permettra d'entrer en toi. Je veux que tu saches que chaque fois que tu m'inviteras, je vais réellement venir. Je serai toujours là, sans faute…

Je viens avec ma grâce pour toucher ton cœur et transformer ta vie. Je viens avec ma paix, qui va apporter le calme et la sérénité. Pourquoi ferai-je cela? Parce que J'AI SOIF DE TOI….

Toute ma vie j'ai cherché ton amour. Tu as essayé beaucoup de choses dans ta quête de bonheur : pourquoi ne pas essayer de m'ouvrir ton cœur, maintenant, plus que tu ne l'as fait avant?

Je me tiens à la porte de ton cœur et je frappe : ouvre-moi, car j'ai soif de toi.» Tout ce que je te demande, c'est de te confier entièrement en moi. Je ferai tout le reste; j'ai soif de toi!»

Avant de l'inviter, si, cher lecteur, cela te tente, autant le savoir : cette rencontre «décoiffe», elle bouleverse la vie.

Mais que c'est bon lorsque le ciel vous tombe sur la tête!

TABLE DES MATIÈRES

www.paroleetsilence.com

Pour recevoir les informations sur nos parutions,
envoyez vos coordonnées à :

Éditions Parole et Silence
60, rue de Rome
F - 75008 Paris

ou

17, route du Muveran
CH - 1880 Les Plans sur Bex

paroleetsilence@omedia.ch

-------------✂---

Nom : ....
Prénom : ....
Adresse : ....
....
Code postal : ....
Ville : ....
E-mail : ....
Téléphone : ....
Fax : ....

Je souhaite être informé(e) des publications
des Éditions Parole et Silence.

Achevé d'imprimer le 14 mars 2017
sur les presses de
La Manufacture - Imprimeur – 52200 Langres
Tél. : (33) 325 845 892

N° imprimeur : 170262 - Dépôt légal : septembre 2016
Imprimé en France